KB214127

소중한 마음을 담아 _____님께 드립니다.

스님의 쓴 소리,

절대
혼자 살지 마라

스님의 쓴 소리,
절대 혼자 살지 마라

초판1쇄 2013년 3월 12일

지은이 혜철
펴낸이 신영혜 | **펴낸곳** 마젠타
마케팅 변창욱 신은혜 | **디자인** 김진디자인

등록 2008년 7월 25일 제313-2008-120호
주소 서울특별시 서대문구 합동 116 SK리쳄블 1507호
전화 02-3142-8004 | **팩스** 02-3142-8011
이메일 kinglib@naver.com | ina0909@naver.com
블로그 blog.naver.com/kinglib
인쇄 삼조인쇄

읽으면 행복해지는 책을 만드는 마젠타는 여러분의 좋은 원고를 기다리고 있습니다.
보내실 곳 ina0909@naver.com

스님의 쓴 소리,

절대
혼자 살지 마라

혜철 지음

마젠타

차 례

첫 번째. 인연.

이 좋은 세상,
왜 혼자 살려고 합니까

두 번째. 인연.

모르면 인생이 고달픈 인연의 법칙

세 번째. 인연.

잘 났건, 못 났건, 나를
사랑하는 법

네 번째. 인연.

씨줄, 날줄 같은 세상 인연을 잘 맺는 법

세상 모든 인연은 내 마음이 부릅니다

어머니 일주년 추도식이 있을 무렵, 도량에는 나비 떼가 가득했습니다. 전에 없던 일이었습니다. 그래서 좋은 징조라고 여기며 합장을 했습니다.

그저 인연 따라 살라는 어머니의 유언을 가슴속에 품고 그렇게 살려고 노력했지만 막상 현실에서는 쉽지가 않았습니다.

지금껏 참으로 많은 사람들을 만났고, 참으로 많은 사연들을 들었습니다. 그래서 나는 혼자가 아니었던 것입니다. 늘 혼자라고 생각해 왔는데, 이런저런 인연들로 얽혀 있었습니다.

누구나 제각기 자신에게 맞는 옷을 입고 살아야 합니다. 또한 제각기 어울리는 환경에서 살아가야 편합니다.

그런데 그것 또한 쉽지가 않은 일입니다. 맑고 깨끗한 물에서만 사는

쉬리가 있는가 하면, 좀 심하게 과장해서 썩은 음식이나 오물에서 살아야 제대로 사는 구더기도 있습니다.

우리네 인생도 자연현상들과 조금도 다를 바 없습니다. 제각기 자신에게 맞는 옷을 입고 살아가야 일신이 편안한 것입니다.

일 때문에 관공서에 갔다가 능력 있고 성실한 한 직원을 알게 되었습니다. 그 청년은 젊을 때는 공부만 하다가 혼기를 놓쳐 결혼할 생각을 하지 못했는데 지금은 부모님이 연로하시고 손자를 보는 것이 소원이라며 걱정하는 말을 듣게 되었습니다.

이것이 시초가 되어서 청춘남녀를 엮어줘야겠다고 생각하고 지역 신문을 찾아가 취지를 설명하고 청춘남녀의 인연 맺어주기에 주력했습니다.

2005년 인터넷 카페 '따뜻한 만남'을 개설하고 정기적으로 만남법회를 열어왔습니다. 사실 처음에는 아주 단순하게 사람들의 고민을 해결하려고 시작했는데 지금까지 1,200여 쌍이 결혼해 저 자신도 놀랄 정도입니다.

불교에서 말하는 부부의 연은 1겁의 연인데 1겁이란 물방울이 하나씩 떨어져서 바위를 뚫을 때까지 걸리는 무한대의 시간이니, 그만큼 소중합니다.

그러기에 청춘 남녀를 만나면 평생의 인연을 맺기 위해서는 너무 쉽게 상대방을 판단하지 말고 천천히 이야기를 나누며 살펴보라고 권유해왔습니다.

산사음악회를 개최하고 사찰을 개방하고 종교의 벽을 허물자 점점 일요일이면 인연을 찾는 청춘남녀가 모여들었습니다. 그러면서 점점 일이 커져갔습니다.

좋은 인연은 서로의 양보와 이해를 바탕으로 이루어집니다. 결혼은 인생 대역전이 아닙니다. 결혼은 즐거움뿐만 아니라 고통과 아픔까지도 함께 하는 것입니다.

그러므로 운명적인 만남은 서로에 대한 믿음으로 시작해야 합니다. 이렇게 믿음이 전제되고 작은 것 하나까지 공유할 때 사랑은 더 공고해집니다.

이런 일이 생각납니다. 최고의 배우자를 기다리며 60평생을 살아온 할아버지가 그해 자신의 이상형인 여성을 만났다고 합니다. 그래서 지금껏 찾아온 이상형이 당신이니 청혼을 받아달라고 청했더니 그 할머니는 단박에 거절하며 그 할아버지에게 "당신의 이상형은 나지만 나의 이상형은 당신이 아닙니다."라고 했답니다.

그래서 평소에 이상형을 찾기보다는 자신이 이상적인 사람이 되도록 노력해보라고 미혼남녀에게 권해주곤 합니다.

지금 사는 이곳이 최고의 장소이듯 옆에 있는 사람이 어쩌면 내게 최고의 사랑인지도 모르겠습니다.

인연을 만났다면 당신은 축복받은 사람이고, 아직 인연을 만나지 못했다면 그 역시 당신은 축복받은 사람입니다. 최고의 인연을 만날 수 있는 기회가 아직 남아있기 때문입니다.

죽음을 앞두고 후회가 없도록 지금 열심히 사랑하고 지금 바로 사랑한다고 말해보세요.

2013년 봄의 초입에서
혜철

당신이라면
좋겠네

살아가면서
좋을 때나 힘이 들 때
생각나는 사람이 있다는 것은
정녕 행복이어라.

좋을 때
같이 기뻐하고
같이 웃으며
얼싸안고
그 기쁨을 같이 느끼고 싶은 이여

힘이 들 때
기대어 쉴 수 있고
위로가 되고
같이 울어주며
힘이 되어주는 이여
무어라
말하지 않고
그저 바라만 보아도
내 모든 것을 알아보는 이여

꾸미지 않은 말과
다듬지 않은 몸가짐으로
거리낌 없이 만날 수 있는
따사로운 가슴이 있는 이여

어떤 모습
어떤 위치에 내가 있건
개의치 않고
오로지
나라는 이유만으로
나를 소중히 여겨주는 이여

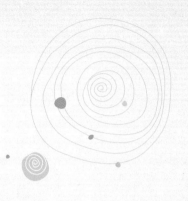

있는 그대로
보여주고
있는 그대로
볼 수 있는
그런 이가 당신이었으면 좋겠네.

그런 이가

당신이면 참 좋겠네.

첫 번째. 인연.

이 좋은 세상, 왜 혼자 살려고 합니까

매년 청춘 남녀를 만나게 하고, 결혼을 성사시켜도
어찌 그토록 자기 짝을 만나지 못하는 사람들이 많은지 모를 일입니다.
하기야 자기 짝이 옆을 스치고 지나갔는데도 인연이 닿지 않아
사랑을 느끼지 못하고 떠나보내는 경우도 허다합니다.

Blaise Pascal

지혜가 깊은 사람은 자기에게 무슨 이익이 있을까 해서,
또는 이익이 있으므로 해서 사랑하는 것이 아니다.
사랑한다는 그 자체가 행복하기에 사랑하는 것이다.

파스칼

그대가 사랑을 거부한다면,
그대도 사랑으로부터 거부당하리라.

테니슨

Alfred Tennyson

Hermann Hesse

사랑은 우리를 행복하게 하기 위해서 있는 것이 아니라
우리가 고뇌와 인내에서 얼마만큼 견딜 수 있는가를
보이기 위해서 있다.

헤세

궁합,
너무 좋아하지 마세요

재미있는 이야기 하나 들려주겠습니다.

회사를 다니는 젊은 남편이 봉급 인상이 늦어지자 하루는 사장에게 이야기해야겠다고 결심하고 아내에게 말한 후 출근하였습니다.

그날 밤 열쇠를 찾기 위해 아내의 서랍을 열어보니 두 장의 카드가 있었습니다.

하나는 '봉급인상을 축하합니다'라는 내용이었고 또 하나는 '봉급인상이 되지 않았어도 당신의 능력을 나는 인정하니 낙심하지 마세요'라는 글이 적혀 있었습니다.

어떤가요. 세상 이치는 나 하기 나름이란 것이며 자비심이란 곧 상대방을 사랑하는 마음이란 걸 느끼게 해주는 이야기 아닌가요.

"스님, 궁합 좀 봐주세요."
어느 날 어떤 부인이 헐레벌떡 찾아와 자기 딸이 남자를 만났는데, 궁합을 봐줄 수 있느냐고 물어왔습니다. 나는 한마디로 딱 잘라 거절했습니다.

"궁합은 별 게 아닙니다. 뜻이 같으면 좋은 것입니다.
어서 돌아가서 따님에게 그 상대자의 손가락과 발가락을 맞대고 비교해 보라고 하세요. 손과 발이 서로 닮은 구석이 많으면 천상의 배필입니다.
그리고 사랑의 십계명을 적어드릴 테니, 그대로 한 달만 지켜보라고 하세요. 그러면 좋은 궁합인지 아닌지를 알 수 있을 겁니다."
내가 이렇게 말하자 그 부인은 웃으며 대답했습니다.
"진작 그렇게 말씀하실 것이지. 그런 비법이 있으시면서 이제야 알려주시나요."

농담처럼 들릴지 모르겠지만 손과 발을 맞대어 비교해 보라는 말은 의미심장한 말입니다. 취미와 하는 일이 같은 사람들의 손과 발은 서로 닮은 구석이 있기 때문입니다.
나무를 가꾸는 손, 꽃을 가꾸는 손, 음식 만들기를 좋아하는 손,

책장을 넘기기를 좋아하는 손은 대부분 취향이 비슷하기 때문인지 지문과 생김새가 닮아 있습니다.

그리고 설령 처음에는 닮지 않았다 해도 사랑이 존재하는 한 닮아간다는 것은 분명한 이치입니다.

결혼이
비즈니스인가요

매년 청춘 남녀를 만나게 하고, 결혼을 성사시켜도 어찌 그토록 자기 짝을 만나지 못하는 사람들이 많은지 모를 일입니다.

하기야 자기 짝이 옆을 스치고 지나갔는데도 인연이 닿지 않아, 사랑을 느끼지 못하고 떠나보내는 경우도 허다합니다.

또한 사랑하지만 지킬 수 없다는 이유로 사랑하는 이를 쉽게 포기하는 사람들도 많이 만나게 됩니다.

부모님의 체면 때문에 혹은 자신의 체면 때문에 사랑하는 사람과 이별을 했다는 이들이 고통을 호소할 때마다 안타까운 생각이 듭니다. 모두 다 욕심을 버리지 못하는 것이 이유가 아닐까요.

누구나 사랑이란 말을 좋아합니다. 그런데 사랑을 조건이라는 안경을 끼고 보는 이가 많으니, 사랑이 왔다가도 저만치 달아나는 것입니다.

사랑이란 신기루 같은 것입니다. 또한 사랑은 많은 에너지를 갖고 있습니다. 사랑의 무게는 영혼의 무게라서 측정할 수도 없습니다. 그 귀한 것을 어찌 가벼운 마음으로, 정성도 들이지 않고 얻으려 하는지 모르겠습니다.

"결혼은 계약이며 조건이다."라는 말이 있습니다. 이것은 말도 안 되는 이치입니다. 무슨 수학 공식 같이 사람을 경제적인 면과 외모로 따지다니요.

한술 더 떠서 "결혼은 비즈니스다"라는 말도 있습니다. 결혼 조건이 하나 둘씩 늘어나게 되자, 급기야 이 데이터를 가지고 사업을 하는 곳이 생기기 시작했습니다.

물론 그것도 신세대에게는 어울리는 시스템일 수도 있습니다. 그러나 그런 비즈니스적인 접근 보다는 여자와 남자, 즉 음과 양이 만나서, 서로의 가슴에 울려 퍼지는 주파수를 감지하고, 그렇게 전달된 감정을 맞잡고 영혼의 문을 열고 들어가 보세요.

그러면 사랑의 빛이 보이고, 그 사람의 진가를 발견하게 될 것입니다. 아무리 계산해도 안보이던 것들이 가슴으로 느끼다보면 확실하게 다가옵니다. 내가 과연 무얼 원하는지를. 그렇게 하다보면 그토록 원했던 사랑의 반려자를 만나게 될 것입니다.

이런 방법에 대해 원시적이고 세련되지 못하다고 말할 수도 있을 것입니다. 하지만 지금까지 내가 수많은 인연들을 만나게 했던 방법이 바로 그런 것이었다라고 한다면 더 무슨 설명이 필요할까요.

"이제 영혼의 문을 열어 상대방을 보도록 하세요."

만나면 행복한 사람,
만나면 짜증나는 사람

어느 날 길을 가다가 연꽃이 가득 핀 풍경에 가던 길을 멈추고는 그 아름다움에 넋을 잃었습니다. 그러다가 문득 어제까지 무심히 지나친 것을 오늘은 아름다운 꽃으로 바라보는 건 또 왜 그런 것인가 하는 의문이 생기더군요.

'나는 누구인가? 다른 사람들은 나를 어떻게 보는가?'
한 순간 그 사람의 얼굴을 떠올리면 미소 지을 수 있는 이가 있는가 하면, 생각만으로도 머리를 흔들고 싶은 사람이 있습니다.

이런 사람을 만나면 나는 행복합니다.

단 한 번의 만남이라도 마음이 통하는 사람, 대화가 통하는 사람, 미래의 꿈을 가진 사람을 만나면 나는 행복합니다.

스쳐 지나가는 만남이 아니라 인연을 소중히 여길 줄 알고
같은 공감대를 나눌 수 있다면 나는 행복합니다.

아무런 말을 하지 않고 마주보고 있어도 같은 곳을 보는
오랜 친구처럼 편안한 사람을 만나면 나는 행복합니다.

힘겨운 삶의 넋두리를 주저리주저리 이야기할 때
그윽이 바라보며 고개를 끄덕여 주는 사람을 만나면
나는 행복합니다.

어깨가 쳐져 있을 때 따스한 말 한마디해주고
살포시 미소 지어주는 사람을 만나면 나는 행복합니다.

멀리 떨어져 있어도 마음과 마음을 함께 할 수 있는
사람이 있다면 나는 행복합니다.

새콤달콤한 과일을 좋아하는 것을 기억해 두었다가
잊지 않고 챙겨주는 사람이 있다면 나는 행복합니다.

이 좋은 세상, 왜 혼자 살려고 합니까

내 그릇만 챙기는 것이 아니라 작은 것이라도 망설이지
않고 나눌 줄 아는 이웃이 있다면 나는 행복합니다.

언제 만나자는 약속을 하지 않아도 아무 때나 만나
기쁨을 주는 사람이라면 나는 행복합니다.

까다로운 눈빛보다 상대방의 예쁜 점을 보아주는
아름다움을 지닌 사람을 만나면 나는 행복합니다.

절대 혼자 살지 마라

인연과 악연이 만나는
씨줄, 날줄 같은 세상

이것이 있음으로써 저것이 있고
이것이 생함으로써 저것이 생합니다.
이것이 없음으로써 저것이 없고
이것이 멸함으로써 저것이 멸합니다.

이것이 차면 저것이 부족하고, 이것이 좋다가도 저것이 좋아 보이는 게 인생사라고 하지 않던가요. 모든 걱정은 욕심에서 비롯됩니다.

지금까지 배우자를 찾는 이들의 인연 찾아주기를 하면서 인연이 악연이 되어버리는 경우가 종종 있었습니다. 하지만 한번 얽힌 인연을 다시 풀어 다시 엮는다는 것은 결코 쉽지 않는 일이었습니다.

인연이 엉켜버리면 당사자들에게 정신적, 물질적 충격을 줄 뿐만 아니라, 나에게도 힘든 일이었기 때문입니다. 그만큼 인연을 맺어 주는 일은 쉽지가 않습니다.

많은 인연이 나를 통해 만났습니다. 그 많은 인연들이 다들 잘 살고 있기를 바라는 마음은 크지만 어찌 인생사가 그리 호락호락 하던가요. 이것을 가지면 저것이 커 보이고, 저것을 가지면 이것이 더 좋아 보이니 말입니다.

인연이란 사람과 사람 사이에만 존재하는 것은 분명 아닙니다. 물건과 물건도 인연으로 맺어져 있습니다. 이 옷을 가지면 저 옷이 좋아 보이고, 이 집을 가지면 저 집이 좋아 보이니, 참으로 무한한 욕심들로 가득 차 있습니다.

그런데 신기하게도 부모와 자식과의 인연은 다른 것 같습니다. 내 부모가 아무리 못나고, 내 자식이 아무리 못났어도 남의 부모와 자식과 비교가 안 될 만큼 끈끈한 정으로 이어져 있음을 알 수 있습니다.

핏줄이란 뜨겁고 끈끈한 것으로 이어져 있기에 함부로 바꾸지 못하는 것입니다. 이런 저런 환경에 살다보면, 부모와 자식 간에 척을 지고 살아가는 사람들도 있습니다.

절대 혼자 살지 마라

삶을 자세히 들여다보면 모두 욕심 때문이지, 그 자체를 부인할 수 없는 소중한 인연으로 씨줄 날줄처럼 이어져 있습니다.

오늘 나는 또 어떤 인연을 누구와 엮고 있는지 한번 곰곰이 생각해 보는 하루가 되었으면 합니다.

이 좋은 세상, 왜 혼자 살려고 합니까

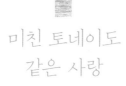

미친 토네이도
같은 사랑

돌이켜보면, 우리 인생에서도 저마다의 토네이도가 불어 닥칩니다. 문제는 예측이 불가능하다는 것입니다. 사실 예측 불가능하다는 말은 어불성설일 수도 있습니다. 모든 일은 자신이 지은 업대로 일어나는 것이니까요.

악업을 지으면 악업과 맞물리는 인연과 만날 테고, 선업을 지으면 선업과 맞물리는 인연을 만나게 될 테니 말입니다. 그런데도 다들 갑자기 불어 닥친 토네이도라고 호들갑스럽게 행동합니다.

그러다가 A급 토네이도를 만나게 되면 무슨 죄를 지어 이렇게 팔자가 사납냐고 스스로 자책하고 체념하기도 합니다. 그것 또한 자신이 지은 업을 부인하는 것 아닌가요.

이 좋은 세상, 왜 혼자 살려고 합니까

어느 날 한 부인이 헐레벌떡 나를 찾아왔습니다. 나를 만나기 위해 새벽 세 시에 출발했다는 것입니다. 아침 이른 시간인데 찾다니 어지간히 급했던 모양이었습니다. 부인을 사무실로 들게 하고 차를 한잔씩 나눠마셨습니다.

꼭 만나보고 싶어서, 만나면 자신의 문제를 해결해줄 것 같았다는 겁니다. 지금껏 아무 문제없이 잘 살았는데 갑자기 불어 닥친 일 때문에 집안이 풍비박산이 날 지경이라며 이런 저런 말을 쏟아 냈습니다.

사연인 즉, 명문대를 나온 딸이 집안끼리 알고 지내던 집안의 신랑감과 약혼을 했는데 나중에 엉뚱하게도 돈도 없고, 학벌도 부족한 청년에게 빠져서 파혼을 하겠다고 고집을 피운다는 겁니다.

얌전하기만 했던 딸이 부모의 뜻을 어기고 근본도 모르는 남자와 결혼한다고 고집피우니 집안이 온통 쑥대밭이 되었다는 것입니다. 가족이 계속 반대하자 딸은 가출을 했고, 벌써 반년이 흘러 어디에 살고 있는지도 모른다는 것입니다.

들고 보니 부인의 상심이 어느 정도인지 이해가 갔습니다. 귀하게 키운 딸이 자신의 말을 거역하니 속이 무척 상했겠지요.

돈, 권력, 자식 등 모든 걸 다 가진 것 같은 사람들이 눈물을 흘리면서 사는 게 죽을 것 같이 고통스럽다고 말하는 걸 종종 듣게

절대 혼자 살지 마라

되면 참 인생사가 아이러니 합니다.

"지금까지 집안에 인생의 토네이도가 한 번도 불지 않은 것만으로도 축복이었습니다. 잘 생각해보십시오. 그동안 따님을 잘 먹이고 잘 입히고 잘 가르쳤다고 해서 잘한 것은 아닙니다. 가장 중요한 것이 빠졌다는 생각이 안 드십니까."

부인은 무슨 말인지 나를 빤히 쳐다보았습니다.

"자신보다 모든 면에서 부족했던 그 청년을 따라 나섰던 것은 지금까지 누렸던 그 모든 것보다도 더 소중한 그 무엇이 있었기 때문입니다. 따님의 핸드폰이 꺼져 있지만 날마다 편지를 남기세요. 진심에서 우러나오는 사랑의 편지 말입니다. 그 핸드폰에 찍힌 어머니의 편지를 받고 따님이 곧 돌아올 것입니다."

사실, 그 부인이 나를 찾아온 이유는, 딸이 언제쯤 돌아와 집안끼리 약혼했던 남자와 결혼을 할 수 있을지 알아보기 위해서였던 것입니다.

나보다 잘나고 돈 많고 인물 좋은 사람과 결혼을 하려면 먼저 그에 준하는 준비가 되어 있지 않는 한, 그 집안에 들어가 종노릇을 자청하는 일이며, 토네이도를 가슴에 품고 사는 일이라고 조심스럽게 말했습니다. 더 이상 자신의 욕심 때문에 자식의 가슴에 못

이 좋은 세상, 왜 혼자 살려고 합니까

박지 말라는 뜻이었습니다.

그녀는 내 말에 수긍한 듯, 만 듯 고개를 푹 숙이며 맥이 빠져서 떠났습니다.

자식의 삶이 있는데 이를 간섭하려는 부모가 많습니다. 물론 자식은 부모를 구시대적이라고 몰아붙이며 거부하기도 합니다. 누가 옳고 그르고를 떠나서 고이고이 기른 자식이 자기 말을 안들을 때의 상심은 말로 표현하지 못할 것입니다.

살아보고 그때 후회하라고 모진 말을 하기도 합니다. 그러나 어쩔 수 없이 자식은 자식의 삶을 살도록 할 수 밖에 없지 않을까요. 정답이 없는 게 인생이니 말입니다.

절대 혼자 살지 마라

무조건 매일,
감사하다 말하세요

　혹시 상대가 맞춰주길 바라고 있는지, 아니면 내가 그를 먼저 이해하려고 하는지 한번 곰곰이 생각해 보세요.
　상대를 변하게 만들기는 힘듭니다. 그가 변하기로 마음먹지 않으면 말이죠. 대신에 상대를 변하게 만들려면 먼저 이해하고 그의 편에서 생각해보면 됩니다.

　'나마스테'라는 말처럼 상대의 존재에 무조건 감사하다 보면 그를 인정하게 됩니다. 그의 영혼을 이해하려고 마음먹어 보세요. 그러면 그 존재에 감사하게 됩니다.
　원래 사랑이란 마음과 마음의 만남입니다. 마음과 마음이 만나서 서로 상대를 이해하고 아껴주는 과정입니다.

사랑하는 상대가 있다면 늘 감사하는 마음을 전하고, 그의 고충을 이해해주려고 해보세요. 그러면 자연스럽게 두 사람 사이에는 무한한 애정이 흐르게 됩니다. 일상에서 행운이 찾아드는 것입니다.

아주 구체적으로 하나 하나 감사할만한 것들을 적어보는 겁니다. 그리고 오늘부터 내 연인, 내 배우자에게 하루에 하나씩 감사하다고 말해보세요.

절대 혼자 살지 마라

서로 상처주려
만난 게 아닙니다

　요즘 백세시대라고 하는데 잘 죽는 것도 복을 타고난 것이란 생각이 듭니다. 죽음이 칙칙한 잿빛이라는 생각은 버리고 행복한 삶을 마무리하는 하나의 과정이라고 생각해보세요. 그러면 내가 지금 아무리 미워하는 이들도 결국 용서하게 될 겁니다.

　1,000여명의 죽음을 지켜본 호스피스 전문의가 쓴 책에도 세상을 떠나는 이들은 "사랑하는 사람에게 고맙다고 못했다"를 후회한다고 합니다.
　지금부터라도 고맙다, 사랑한다는 말을 입에 자연스럽게 담아보세요. 반드시 그에 대한 보답이 있을 것입니다.

　재미있는 이야기 하나 들려드리겠습니다.

옛날에 사자와 소가 사랑에 빠졌습니다.

둘은 서로를 너무나도 사랑하고 아끼고 이해하며 늘 시간을 함께 보내고 서로의 마음속엔 상대방밖에 없음을 하늘에 두고 맹세했다고 합니다.

둘은 누구보다도 서로를 잘 배려해 주었으며 진심어린 진짜 사랑이었습니다.

그런 어느 날 사자는 소에게 자기가 가장 아끼고 좋아하는, 세상에서 가장 맛있고 신선한 고기를 주었습니다.

"이거 정말 맛있어. 어서 먹어봐"

하지만 소는 절대 고기를 먹지 않고 오히려 사자에게

"이건 내가 세상에서 가장 좋아하는 신선한 풀이야.

너에게 주려고 산을 두개나 넘어서 뜯어왔어."

사자는 풀은 입에도 대지 않고 말했습니다.

"이따위 풀 좀 그만 먹고 내 말 좀 들어봐."

소는 말합니다.

"넌 너무 이기적이야. 어쩜 그렇게 너 자신만 생각하니?"

사자는 말합니다.

"난 너에게 이렇게 소중한 고기를 가져왔는데.

넌 어떻게 나에게 맛도 없는 풀 따위를 주는 거니?"

그리고 둘은 서로 싸움 끝에 헤어집니다.

절대 혼자 살지 마라

그리고 각자 떠나면서 생각합니다.

"나는 정말 최선을 다했는데 쟤는 저게 뭐야."

참 허무해 보이지 않나요? 서로를 위하는 마음이 서로를 상처 주는 게 되어버리니 말입니다.

상대를 이해하려하지 않고 내가 좋아하는 것만 권하는 것, 그건 관계에 전혀 도움이 되지 않습니다. 오히려 상대방을 그냥 놔두느니만 못하다는 겁니다.

상대를 있는 그대로 인정해보세요. 그러면 상대도 나를 있는 그대로 인정해주면서 서로 평화롭게 공존할 수 있을 겁니다.

우울하고 불쾌한 감정은
전염됩니다

늘 짜증내고, 화를 내고, 우울해 하고, 부정적이고, 걱정 근심이 가득하고, 슬퍼 보이는 사람 주변에는 그런 사람만 모이거나 그런 분위기가 되어버립니다.

기운이 축 쳐지고 그렇게 살다보면 그런 기분도 습관처럼 몸에 배게 됩니다. 그러다 보면 주변에도 이런 기분을 전염시킵니다.

특히 가족에게 이런 영향을 주게 되어서 가정의 분위기가 부정적으로 흘러가기 쉽습니다.

나뿐만 아니라 가족을 위해서라도 활짝 웃어보세요. 인터넷에서 읽은 유머 한마디라도 외워서 가족에게 들려줘보세요.

웃음은 가장 큰 선물이라고 합니다. 타인에게 줄 수 있는 돈이 들지 않는 유일한 선물입니다.

내 우울한 기분, 불쾌한 기분이 주변에 영향을 미치고 자신에게도 불행을 불러들입니다.

이 좋은 세상, 왜 혼자 살려고 합니까

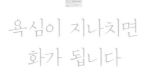

욕심이 지나치면
화가 됩니다

한 젊은이가 있었습니다. 그는 아름다운 처녀와 결혼하게 되어 있었습니다. 그런데 신부가 친정을 떠나 신랑 집이 있는 곳으로 오다가 도중에 병이 들어 그만 죽고 말았습니다.

신랑은 그 소식을 듣고 마음에 큰 상처를 받고 슬퍼했습니다. 그러자 부처님은 직접 그를 만나러 갔습니다.

그 젊은이가 옆에 앉자 부처님은 젊은이에게 물었습니다.

"너는 왜 그토록 슬픔에 빠져 있느냐?"

젊은이는 신부의 죽음을 사실대로 알렸습니다.

그러자 부처님은 이렇게 위로했습니다.

"슬픔은 강한 욕망에서 일어나며,

두려움은 무엇을 구하려는 마음과
감각적인 쾌락을 즐기려는 데서 일어난다.

갈망은 슬픔을 태어나게 하고
갈망은 또한 두려움을 낳는다.
갈망으로부터 해탈한 사람은
슬픔도 없거니, 어찌 두려움이 있으랴."

물론 살아가면서 모든 욕망을 끊을 수는 없습니다.
그러나 그 욕망 뒤의 숨어있는 나의 집착을 버리고 끊으면
더 큰 세계가 펼쳐집니다.

슬픔이 없는 세상, 얼마나 우리가 바라는 것입니까.
그러나 슬픔이 없으려면 갈망과 집착 또한 버려야
하는 것임을 명심해야 할 것입니다.

실컷 누군가를
미워하고 싶나요

어떤 사람이 남을 미워하는 마음에 늘 시름에 잠겨 있었습니다.
한 친구가 그를 찾아 왔습니다.

"무슨 일이 있기에 그토록 시름에 잠겨 있어?"
"내가 미워하는 사람이 있는데 어떻게 해칠 수 있을까 고민 중
이라네. 그놈이 나를 헐뜯고 돌아다닌다지. 그런데 그 놈은 힘이
천하장사라서 힘으로는 도저히 굴복시킬 수가 없다네."
친구가 말했습니다.
"이 주문으로 그를 해칠 수가 있네. 그러나 단 한 가지 걱정이 있
지. 만일 그를 해치지 못하게 될 때는 도리어 자네 자신을 해치게
되거든."
그는 친구의 말을 듣고 매우 기뻐하면서 말했습니다.

"아 그래? 그렇다면 내게 그 주문을 가르쳐 주게. 비록 나를 해치는 일이 있더라도 내 반드시 그를 해치고 말테니까."

친구가 주문을 가르쳐 주었습니다.

그러나 그는 이 주문을 가지고 상대방을 해치려다 도리어 자신이 해를 입고 말았습니다.

남을 미워하는 마음이 오히려 내 마음을 상처 내게 됩니다. 남을 미워하는 마음은 내 마음에 독을 불러일으키기 때문이죠.

남을 미워하는 대신에 용서해 보세요.

마음이 따뜻해지면서 내 자신에게 복을 불러오게 됩니다.

이 좋은 세상, 왜 혼자 살려고 합니까

지나간 사랑은
미련 없이 보내버리세요

첫사랑, 지나간 사랑은 우리들에게 아련한 추억입니다. 가장 아름답던 시절에 대한 그리움입니다. 누구나 첫사랑에 관한 아름다운 혹은 아픈 추억이 있을 겁니다. 순수했던 시절의 사랑이기에 잊지 못하는 것이지요.

흔히 옛사랑을 떠올리며 그 추억을 가슴에 안고 사는 사람들이 있습니다. 가끔 그런 분에게 상담을 해주곤 합니다.

"옛사랑은 잊고, 새로운 사랑을 받아들이세요." 라고 말입니다.

과거 사랑의 기억은 깨끗이 잊어야 합니다. 옛사랑의 기억은 앞으로의 만남을 가로막기 때문입니다.

예전 감정에 연연해서 현재까지 그 감정의 지배를 받는다면 당신은 불행한 사람입니다.

　결혼 21년이 지난 커플 중 아직도 서로 사랑한다고 밝힌 커플의 뇌 변화를 기능성 자기공명영상(fMRI)으로 촬영했다고 합니다. 그랬더니 만난 지 6개월 이하의 커플보다 더 행복함을 느낀다고 했답니다.
　결국 언제 누구를 만나느냐 보다, 얼마나 길게 사랑하느냐가 우리 사랑의 화두가 될 것입니다.

이 좋은 세상, 왜 혼자 살려고 합니까

왜 누구는 잘살고,
누구는 이혼할까

결혼생활이 힘들다고 내게 하소연 하는 사람들이 많이 찾아옵니다. 상대방이 술을 좋아해서, 친구를 좋아해서, 일에만 빠져서, 대화가 안통해서 등 이유를 대자면 수도 없습니다.

재미있는 것은 그 하소연의 대부분이 공통되고 다들 비슷비슷한 이유로 불평한다는 것입니다.

똑같은 이유로 어떤 사람은 살아가고, 어떤 사람은 이혼합니다. 왜 그럴까요. 그건 상황에 대한 우리의 대응방식의 차이 때문입니다.

같은 상황을 180도 다르게 바라보면 견뎌내지 못할 것도 견뎌내게 됩니다. 그러기 위해서는 상대방의 아픈 과거를 꼭 알아야 합니다. 그 아픈 과거를 알고, 이해하고, 보듬어 주려는 마음이 든다면 두 사람은 영원한 동반자가 될 것입니다.

그러나 상대방의 과거, 상처, 콤플렉스를 이해하지 못하고 그걸 매번 건드린다면 그 커플은 오래 가지 못합니다.

이것은 내가 수없이 봐왔기에 확실하게 말할 수 있습니다.

상대방의 과거까지 이해하고 보듬어주지는 못하고 대신에 감정 조절이 안 되고, 타협할 줄 모르고, 상대가 싫어하는 생활 습관을 고집하는 등 작은 사회생활이라고도 할 수 있는 결혼생활의 사소한 규칙을 깨드리는 사람은 결코 오래 사랑할 수 없습니다.

일부 커플들은 이혼으로 관계를 끝내거나, 아니면 한 지붕 아래 살아도 서로 무관심하게, 말 한마디 안 건네는 그저 동거인일 뿐인 삶을 살게 됩니다. 상대방이 받아온 과거의 상처를 이해하거나 보듬어주려 하지 않기 때문이지요.

당신은 어떤 결혼생활을 하고 싶은가요. 선택은 당신의 몫입니다.

못나면 못난 대로
내 인연입니다

평소 내가 만나는 연인이나 남편 혹은 아내를 어떻게 평가하고
있나요?

남의 눈에는 평범한 남자, 평범한 여자라 할지라도 커플 자신들
의 눈에는 서로가 내게는 완벽한 상대라고 생각해 봅시다. 아름다
운 착각이라는 말처럼 그야말로 착각 속에 빠져 사는 겁니다.

내 배우자, 내 애인이 세상에서 가장 매력 있는 사람이라고 최면
아닌 최면을 걸다보면 그 혹은 그녀의 모든 행동이 예뻐 보이고 좋
아 보입니다.

그러나 사사건건 따지고, 비판하다 보면 이보다 더 못한 사람은
없다는 결론이 나는 겁니다.

61

이 좋은 세상, 왜 혼자 살려고 합니까

물론 지금 현재 내 배우자나 애인의 단점이 눈에 보인다고 할지라도 시간이 흐를수록 차츰 서로 닮아가게 됩니다. 사람의 타고난 성격은 바뀌지 않는다고 믿지만 실제로는 성격도 시간이 흐르면 변하고, 상대방과 닮아가는 면도 생기게 됩니다.

우리의 통념에는 결혼, 직업 등 외부 환경이 달라지는 것이 행복에 영향을 미친다고 생각하지만 그에 못지않게 시간이 갈수록 우리의 성격도 변한다고 합니다.

물론 그 변화는 긍정적으로 변해야만 하는 것입니다. 어떤 조사 결과에서는 인생의 만족도에서 성격은 35%를 차지하고, 직장이나 수입은 4%, 결혼 여부는 1%에서 4%까지 차지한다고 합니다.

결국 변화 가능한 우리의 성격이 인생의 행복에 결정적으로 간여하게 되는 것입니다.

그렇다면 내 성격을 바꾸는 김에, 마음도 한번 바꿔보는 겁니다. 내 곁을 지켜주는 사람이 최고의 인연이라고 최면을 걸어보세요. 서로에게 완벽한 배우자, 연인이 되어보는 겁니다.

변하지 않는 상대를
원망하지 마세요

서로 사랑한다는 연인들도 얼마나 서로에게 감사하고 살까요.

우리는 자기들이 원하는 대로 인간관계가 안 되고, 힘이 든다고 불평을 합니다. 그러면서 자기는 바뀌지 않고 상대방이 안변한다고 원망합니다.

사람들은 상대만 바뀌면 모든 것이 더 좋아지리라고 생각하고 자신은 변하지 않고 그대로 있고자 합니다.

게다가 더 심한 것은 내가 원하는 대로 상대가 맞춰주길 바라는 것입니다.

상대방이 변하지 않는다고 원망하지 말고 먼저 변하도록 합시다. 그렇기 위해서는 우선 상대방의 깊은 마음을 헤아려주는 것이 필요합니다.

우정이 연애나 결혼보다 더 오래가는 것은 서로 솔직하고 편하게 상대방을 이해하고, 상대에게 바라는 것이 적기 때문입니다.

그런데 우리는 사랑할수록 바라는 것이 많아지고, 상대의 변화만을 바랍니다. 우리가 친한 친구와 오랜 우정을 나누는 것처럼 상대방에게 많은 걸 원하거나 요구하지 말고, 내가 먼저 변하는 겁니다. 들어주고, 이해하고, 감사하고, 인정하는 겁니다.

상대방에게 매일 감사한다는 말을 습관처럼 자주 하고, 작은 친절을 베풀어봅니다. 식사 준비를 해주거나, 커피를 타주고, 따뜻한 메시지를 보내는 등 일상에서 할 수 있는 일들은 많습니다. 반드시 그 보답이 올 것입니다. 이건 장담할 수 있습니다.

문제는 신뢰가 사라진 커플들인데, 신뢰가 사라진 관계에서 마음을 주고받기는 힘듭니다. 오랜 믿음이 한 가지 실수로 깨져버리기도 합니다. 그렇다면 그 깨진 믿음을 이어 붙이려는 노력을 어떻게 해야 할까요.

사소한 약속이라도 말로 해놓고 지키지 않는다면 당연히 믿음이 없어집니다. 여기서 중요한 것은 '사소한'입니다. 사소하지만 그 사소한 것들이 반복되면 그 관계에서 믿음은 사라져버리고 맙니다.

명심하세요. 관계의 믿음은 오래가야 쌓여지는 것이지만 그 믿음이 깨지는 것은 한순간일 수도 있습니다.

이 좋은 세상, 왜 혼자 살려고 합니까

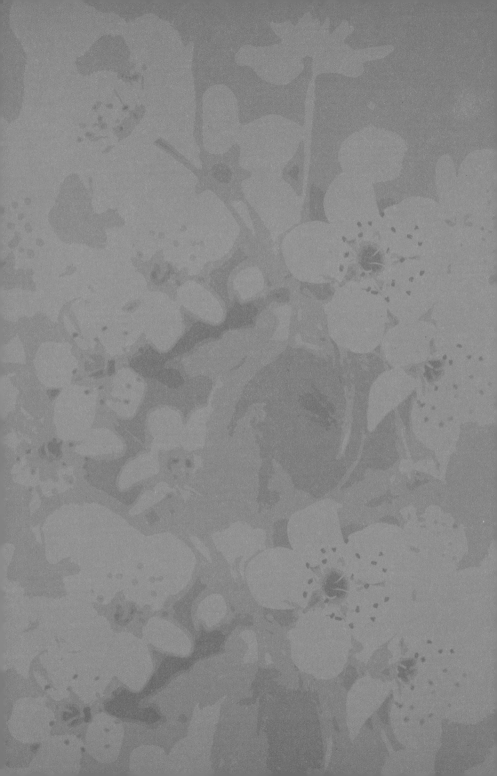

두 번째, 인연.

모르면 인생이 고달픈
인연의 법칙

내게 맞는 짝은 반드시 어디에든 있게 마련이고 바로 내 옆에.
내 옆자리에 그 혹은 그녀가 있을지도 모르니까 말입니다.
지금 옆에 있는 소중한 사람을 놔두고 괜히 멀리서
이상형을 찾아 헤매고 있는 건 아닌가요。

M a h o m e t

가장 완성된 사랑은 모든 사람을 사랑하는 사람이다.
그 사람들이 좋건 나쁘건 가리는 일 없이 모든 사람에게
착한 일을 하는 사람이다.

마호메트

사랑이란 쉽게 변하기에 더욱 사랑해야 한다.

서머셋 몸

Somerset Maugham

사랑의 비극이란 없다.
사랑이 없는 가운데서만 비극이 있다.

데스카

사람은 끼리끼리
만나게 됩니다

우리가 흔히 소울메이트란 말을 많이 합니다.
영혼의 동반자라는 뜻으로
정말 내 영혼과 교감하는 천상의 배필이란 뜻이죠.

그런데 이런 소울메이트를 만나기 위해서는 평소에 몇 가지 준
비를 해야 합니다.
우리가 소풍을 가더라도 며칠 전부터 준비를 하고,
단 며칠간의 여행을 떠나기 전에도 이런저런 준비를 하면서, 우
리 평생을 함께 할 인생의 동반자를 만나는 일은
아무런 사전 준비도 하지 않습니다.
그냥 무작정 기다리고, 우연히 만나겠지 하고 기다리기만 합니다.
그러나 운명의 동반자도 우리는 준비해서 만나야 합니다.

자 이제부터 그런 준비법을 자세히 알려드리겠습니다.

우선 내 자신부터 잘 파악하세요.
그리고 내게 진정 필요한 것이 무엇인지 파악하세요.
나를 행복하게 해주는 것들이 무엇인지
나는 어떤 사람인지 파악해야 합니다.

그런 다음에 자신에게 정직해야 합니다.
정직하게 내가 바라는 배우자 상을 꼼꼼히 적어봅니다.
그의 성격, 그의 습관, 그의 외모 등 생각나는 대로
최대한 모두 꼼꼼히 적어봅시다.
물론 드라마에나 나오는 멋진 인물만 나열하지 말고
이때는 철저하게 나에게 맞는가에 초점을 맞추고
현실적이어야 합니다.

그리고 이제부터 활발하게 움직여야 합니다.
일은 그렇게 열심히 하면서, 왜 내 평생을 같이할 사람은
그렇게 적극적으로 찾아 나서지 않는가요.
찾아보니 없어, 하지 마세요. 정말 미친 듯이 열정적으로
찾아보기나 했는지요.
우선 동네 공원이라도 산책을 나가세요.

모르면 인생이 고달픈 인연의 법칙

헬스장을 나가고, 모임에 나가세요.

좋을 말씀을 들으러 강연장에 다녀도 좋습니다.

거기에서 어떤 인연을 만날지 모르는 것입니다.

운동을 좋아하는 사람은 헬스장이나 체육관, 산에서

책을 좋아하는 사람은 도서관이나 서점에서

사람 만나는 것을 좋아하는 사람은 모임에서

이런 아주 평범한 장소에서 자기와 비슷한 인연을

만나게 될지도 모르는 일입니다.

당신이 평소에 선한 일들을 많이 해왔다면

당신과 닮은 그런 선한 배우자를 만나게 될 것입니다.

내가 허영에 가득 차 있다면

그런 허영심 있는 상대와 만나게 될 것입니다.

이것은 서로 비슷한 것은 통하게 되어있다는 진리이기

때문입니다.

절대 혼자 살지 마라

내 인연, 옆에 놔두고
방황하지 마세요

무슨 인연인지 지금까지 저를 찾아온 남녀 1,200여 쌍이 결혼을 하게 되었습니다. 그러나 운명의 짝을 만나 새롭게 인생을 펼쳐가도록 해주는 일이 왜 어렵지 않았겠습니까?

중매가 잘되면 술이 서 말이요. 잘못되면 뺨이 석대라고 하지 않습니까? 하지만 무언가 일이 틀어져서 술 서 말은 고사하고 파탄 난 결혼생활을 책임지라는 사람들도 있었습니다. 인연을 맺어주었다고 해서 모두 끝난 것이 아니었습니다.

그럼에도 불구하고 아직도 선남선녀 인연 맺기를 계속하고 있습니다. 늙은 노모의 간절한 소망과 행복한 가정을 꾸미고 싶어 하는 많은 젊은이들이 저를 찾아오기 때문입니다.

모르면 인생이 고달픈 인연의 법칙

꽃이 진다고, 낙엽이 떨어진다고 꽃과 나무를 심지 않는 것은 아니지 않습니까. 봄에 씨를 뿌리고 나무를 심는 것은 아직 희망이 있기 때문입니다. 수많은 쌍이 피워낸 꽃을 지켜보면서 저에게 주어진 숙명과도 같은 일을 계속하고 있는 것입니다.

요즘 청춘남녀가 왜 결혼을 자꾸 미루는 것일까요?

대부분 경제적인 문제 때문이라고 하는데 꼭 그렇지도 않은 듯합니다. 자세히 들여다보면 심리적 불안감 때문입니다.

가만히 눈을 감고 마음을 열어보세요. 자신에게 여자 친구 또는 남자친구가 있음에도 불구하고 결혼을 하지 못하는 경우가 많습니다. 왜일까요? 불안감 때문입니다.

다들 살면서 엄청난 불안감을 안고 살아갑니다. 그러니 막상 결혼을 하려고 해도 앞으로 식구들 책임질 생각을 하면 가슴이 답답하고 불안하기만 합니다.

또한 당신이 단지 인연이 나타나지 않아서 결혼을 하지 않는다고 생각하면 큰 착오입니다. 자기에게 꼭 맞는 인연이 나타나 눈앞에 얼쩡거리는데도 미처 알아보지 못하는 경우가 허다합니다.

어깨만 스쳐도 전생에 삼천 번을 만났다고 하지 않습니까. 그러

절대 혼자 살지 마라

니까 미처 인연을 발견하지 못했을 뿐이지 인연이 닿지 않은 것은 아닙니다.

그러니 아직 결혼을 하지 않은 선남선녀들은 눈을 크게 뜨고 가슴을 활짝 열고 자신의 인연을 찾아봅시다.

미혼남녀를 대상으로 설문 조사를 실시한 결과를 우연히 보게 되었습니다. 다행스럽게도 미혼남녀들은 과반이 넘게 결혼의지가 강하다고 답했답니다. 여전히 경제가 나빠져도 결혼 의지는 버리지 않았나 봅니다. 재미있는 사실은 자신이 결혼을 못하는 이유가 남녀모두 '비현실적인 배우자 조건'이라고 답해 결혼에 대한 이상이 높다는 것을 자각하고 있다는 겁니다.

특히 여성들은 자기가 가진 배우자 조건을 낮춰야 한다고 설문에 답한 것을 보면서 비현실적인 희망사항이 결혼의 가장 큰 장애물이란 걸 다시 확인했습니다.

결혼에 관련된 설문조사 결과 점점 새로운 양상을 보이고 있습니다. 조건에 맞는 배우자를 찾는 성향은 점점 높은 수치를 보이고 있지만 그럼에도 불구하고 결혼에 대한 의지가 높아졌다는 것은 매우 긍정적이라고 봅니다.

이렇게 짝을 찾지 못한 자녀에게 얼른 결혼하라고 강요하는 부

모님들이 있다면 우선 자신의 욕심부터 내려놓으라고 말해주고
싶습니다. 가끔 자기 자녀보다 더 기대치가 높은 부모들을 많이 만
나게 되기 때문입니다.

강렬한 소망이
인연을 부릅니다

미혼 남녀들이 찾아오면 반드시 결혼할 수 있다고 말해줍니다. 그런 의지 없이 결혼에 관한 아무런 확신이 없다면 좋은 인연이 눈앞에 나타나도 잡지 못하는 경우가 많습니다.

이 '반드시'란 말에 책임을 질 수 있는 사람만이 행운이 찾아옵니다.

결혼에 성공하고 싶다는 강렬한 소망을 마음속에 품어야 합니다. 물론 결혼이야말로 수행의 길입니다. 그래서 더욱 신중해야할 일이지요.

조용히 침묵하는 시간을 종종 갖도록 합시다. 이미 당신은 다 알고 있습니다. 당신이 원하는 사람이 어떤 사람이란 것을 말입니다.

모르면 인생이 고달픈 인연의 법칙

그 짝을 향해 조용히 그리고 진실한 메시지를 보내세요. 사실 당신의 인연은 그리 멀리 있지 않을 겁니다.

또 부모님들에게 해주고 싶은 말이 있습니다. 자기 욕심 때문에 자식의 가슴에 못 박지 말라는 것입니다. 간혹 자기 자식이 뛰어난데 그에 못 미치는 사람과 결혼하려 한다고 속상해 하면서 하소연을 하곤 합니다. 그러나 아무리 좋은 집안이고 조건이 좋더라도 자식이 싫다면 그건 좋은 자리가 아닌 것입니다.

혹여 여러분들 가운데에서도 무리하게 욕심을 부리고 있지는 않나요? 그래서 자식의 가슴에 대못을 박고 있지는 않은가요.
마음을 내려놓고 일단은 자녀분들의 선택을 존중해주도록 합시다.

겉모양만 번지르르한 사람을 만나 마음을 숨기고 연극 같은 인생을 살아간다면 그 또한 생지옥이 아니겠습니까. 지옥의 나락으로 내 사랑하는 자식을 보내고 싶지는 않을 겁니다.

결혼이란
선행학습이 필요합니다

"결혼 전엔 깔끔 떨더니……"
"결혼 전에는 하늘의 별이라도 따줄 듯이 잘 하더니……"

이렇게 결혼이란 관문을 통과하는 순간 배우자를 내 것이라고 착각하는데서 문제가 발생합니다. 쉽게 결혼에 성공하지 못하는 청춘남녀 주위에는 보고, 배우고, 따라할 만한 모범적인 결혼 모델이 거의 없습니다.

결혼 학습이 되어 있지 않는 사람에게 강압적인 결혼을 시켰다고 칩시다. 그 결과는 불 보듯 뻔한 것입니다. 아내를 엄마인양 대하고 남편을 아버지나 형제간처럼 격 없는 행동으로 대하고 자신의 마음대로 조종하려고 하다가 싸우게 됩니다.

모르면 인생이 고달픈 인연의 법칙

해서 결혼 전에 학습이 필요합니다. 어떤 대학교 동아리에서 결혼에 관하여 선행학습을 시킨다는 보도를 듣고 참 다행한 일이라고 생각했습니다. 그러나 대학생 시절에 결혼에 관한 선행학습을 배우는 것보다는 아예 사춘기 학생들에게 성교육을 시킬 때 함께 결혼에 관하여 한 계단씩 가르친다면 더욱 좋을 듯합니다.

요즘은 세상이 급변하게 변합니다. 그러다보니 기성세대의 놀이 문화와 신세대의 놀이 문화는 전혀 다릅니다. 그러다보니 점점 편리한 생활을 추구하고, 결혼을 하고도 개인의 삶을 우선 순위에 놓습니다.

혹여 자신의 삶이 자유롭지 못할까봐 두려워 결혼을 미루거나 거부하지는 않나요. 물론 결혼을 하면 당연히 행동의 제한이 따릅니다. 하지만 그 제한 속에는 당신이 미처 알지 못했던 안락함과 편안함이 있습니다.

눈이 펑펑 내리던 날 밤, 가족들과 함께 창가에 서서 눈을 바라보는 일을 상상해보십시오. 비 오는 날 밤, 쏟아지는 빗줄기를 바라보며 사랑하는 사람과 차 한 잔을 마시는 모습을 그려보십시오.

그렇다고 인생은 눈 오는 밤, 비 오는 밤의 아름다운 풍경만 있지는 않습니다. 천둥번개와 무시무시한 우박과 돌풍도 동반합니다. 그게 바로 인생입니다.

　그래서 그런 궂은 날, 천둥과 돌풍을 잘 피할 수 있게 결혼을 하기 전 반드시 선행학습을 받아서 실패를 미리 예방할 수 있어야 합니다.

완벽한
이상형을 찾다니요

두 친구가 차를 마시며 인생과 사랑에 대해 얘기하고 있었습니다.

"넌 왜 아직도 결혼하지 않니?"

"글쎄"

결혼하지 않은 한 친구가 결혼한 친구의 말에 이렇게 대답합니다.

"사실 나는 그동안 완전한 여성을 찾아다녔어.

이 여자, 저 여자를 만나면서 바로 이 사람이다 싶으면,

늘 뭔가 부족한 게 있었어."

"아, 그렇구나."

"그런데 어느 날 정말 내가 원하던 이상형의 여성을 만났어. 그 여자는 아름다웠고, 지적이었으며, 포용력이 있고, 친절하기도 했지. 사실 우린 모든 면에서 공통점이 많았어."

"그런데 왜 그 여자와 결혼하지 않았나?"

그러자 친구는 고개를 숙이며 실망해서 말했습니다.

"사실 그 여자 또한 완벽한 남성을 찾고 있다고 말하더군."

어떤가요. 지금 결혼하지 않고 있다면 너무 이상형을 찾아서 헤매고 있는 건 아닌지 한번 생각해봅시다. 그게 아니고 내 스스로에 자신이 없다면 자신감을 키우면 되는 겁니다.

내게 맞는 짝은 반드시 어디에든 있게 마련이고 바로 내 옆에, 내 옆자리에 그 혹은 그녀가 있을지도 모르니까 말입니다.

지금 옆에 있는 소중한 사람을 놔두고 괜히 멀리서 이상형을 찾아 헤매고 있는 건 아닌가요.

인연 찾기가
왜 이리 힘들까요

이런 이야기가 있습니다.
중병을 앓던 한 남자가 순수하고 아름다운 한 처녀를
만났습니다. 그녀는 중병에 걸린 남자를 위해서
그에게 모든 것을 내어주었습니다.

그녀의 헌신적인 간병 덕분에 그는 건강해졌습니다.
그러나 그에게 헌신하는 바람에 모든 것을 잃은 그녀를
이제 그 남자는 하찮게 여기게 되었습니다.
그래서 그는 남은 것 없는 처녀의 곁을 떠나버렸습니다.
처녀는 상심에 빠져서 큰 병에 걸리고 말았습니다.

다시 세상 밖으로 나간 그는 그러나 행복하지 않았습니다.

절대 혼자 살지 마라

결국 그녀가 그리워져서 그녀 곁으로 돌아가고 싶었지만 쉽지 않았습니다.

그는 갈등 끝에 그녀 곁으로 가기로 결심했습니다.
그러나 사랑하는 그녀는 그동안 상심에 빠져서
중병이 들고 말았고 죽음을 앞두고 있었습니다.
그는 자신을 희생해서 자기를 구해준 처녀의 병상에서
하염없이 속죄의 눈물을 흘리고 말았습니다.

이처럼 모든 것을 내어 주는 사랑도 때로는 허무하게 끝나버립니다. 그리고 내 곁을 지켜주던 사람을 때로는 하찮게 대하다 후회하기도 하는 게 인생입니다.

이렇게 조건 없는 사랑은 힘든 것일까요.
어느 정도 나이가 들면 특히 30대에는 더 더욱 마음을 열고 상대를 받아들이기 힘듭니다. 이제 자신도 점점 자아가 공고해지기 때문입니다.
그러나 주변에 누군가 없다고 쉽게 포기하지 말고 계속 메시지를 내 안에 담고 있으면 됩니다.

'나는 올해 안에 반드시 내 짝을 찾을 거야' 라고 말입니다.

모르면 인생이 고달픈 인연의 법칙

그 메시지는 자석처럼 다른 이에게 가게 되어있습니다.

끌어들임의 법칙이 있습니다.
사물은 서로 서로 작용하게 되어있고
특히 교감할 수 있는 것들을 서로를 끌어당깁니다.
지금 이 순간에도 나의 인연이 나를 만나려고
기다리고 있다가 당신이 무심한 순간에
그냥 스쳐지나갈 지도 모릅니다.

"지금은 거울에 비추어 보듯이 희미하게 보이나, 그때에 가서
는 얼굴을 맞대고 볼 것입니다."

많이 알려진 성경에 나오는 말씀입니다. 그렇습니다. 지금은 막
연하지만 언젠가는 얼굴을 맞대고 볼 그를 위해서 강하게 그를 잡
아당겨 보세요.
무얼 하나 이루려면 끈기와 열정이 있어야 합니다. 그런 열정과
끈기를 이제는 내 평생의 인연을 만나는 데에도 발휘해야 하지 않
을까요.

혼자 잘 살면,
둘이어도 잘 삽니다

결혼은 사람을 더 행복하게 할까, 아니면 불행하게 할까?

정답이 영원히 나오기 힘든 주제이지만 이에 대해 해답을 제시해보려는 연구는 꾸준히 있어 왔습니다.

일부 연구에서는 결혼한 사람이 결혼을 안 한 사람보다 더 행복하다고 합니다.

미혼자들은 나이가 들수록 행복감이 하락하는 것으로 나타났지만 기혼자들은 대체로 행복감 수치가 꾸준한 수준을 유지한다고 합니다. 물론 이는 마음에 맞는 배우자와 잘 살아갈 때의 일이긴 하지만 말입니다. 이에 반해 마지못해 살아간다며 울고불고 난리치는 커플도 많습니다.

결혼 후 첫 1년은 가장 행복감이 높은 시기이며 이후 행복감은 서서히 줄어들지만 그 최저 선은 미혼자들의 그것보다 높게 나타난다고 합니다. 그러나 물론, 결혼 여부보다는 같이 사는 사람 간의 사랑하는 감정과 관계가 더 중요한 것이지요.

오랫동안 애인이 없었던 선남선녀들에게 묻고 싶습니다. 혼자 본 꽃과 연인과 함께 본 꽃의 느낌은 무척 다릅니다. 아름다운 꽃잎 빛깔과 향기가 다르지요.

비단 꽃놀이뿐만이 아니라 맛있는 음식을 먹을 때도 마찬가지입니다. 가던 길을 멈추고 서서 꽃의 아름다움에 빠져본 사람들이라면 동행이 있다면 더욱 행복하다는 것을 알게 됩니다.

그래서 혼자가 아닌 둘이 더 행복한 것입니다.

자 이제 평생 내 길을 함께 걸어갈 나만의 짝을 찾아서 얼른 두 손 잡고 인생의 꽃길을 걸어가 보세요.

완벽한 결혼은
헛된 환상입니다

봄은 행복한 결혼의 계절이지만 결혼을 앞둔 커플이 꼭 행복한 것만은 아닐 수도 있습니다. 인생 최고의 큰일을 준비하다 보면 예기치 않은 의견충돌도 잦고 준비할 사항도 많기 때문입니다.

이래서 결혼 전 스트레스, 일명 '결혼 우울증(marriage blue)'을 겪고 탈모 등 신체증상까지 일어나는 경우도 많습니다.

결혼 스트레스는 연습이 불가능한 실전이기 때문에 남자와 여자 사이의 의견 차이, 양가 집안의 분위기 차이가 드러나면서 갈등을 겪기 쉽다고 합니다.

그래서 결혼 전 스트레스 대처법이 필요합니다.

기대가 높을수록 실망은 큰 법이지요. 결혼에 대한 높은 기대 때

절대 혼자 살지 마라

문에 결혼 준비 과정과 결혼 당일 모두 스트레스가 엄청납니다. 그러나 오히려 약간의 실수가 있는 결혼식이 기억에 남을 수 있기에 조급해하지 말고 마음의 여유를 가져봅시다.

요즘 젊은 사람들은 틀에 박힌 결혼식 아니라 자신만의 독특한 결혼식을 원합니다. 야외 정원과 예쁜 카페에서 지인들과 가족들을 초대해 파티 같은 결혼을 하기도 합니다.

당연한 말이지만 결혼비용이 많이 들어야 축복받는 결혼일 수는 없습니다. 체면 때문에 폼 나게, 제대로 해보겠다고 너무 완벽한 결혼식을 추구하다 보면 정작 형식에 치우친 결혼식이 되어버립니다.

신혼 부부, 양가 부모 등 결혼식에 얽힌 당사자 모두를 만족시킬 수 없습니다. 열심히 준비하고 자신만의 축복받는 결혼식에 만족합시다. 내가 먼저 만족하는 게 중요합니다.

결혼을 준비하는 과정에 만족해하지 못하면 주위 사람들까지도 즐겁지 않고 그들의 앞날까지 걱정스러워합니다.

또한 결혼을 앞두고 결혼 전 모든 갈등을 한 번에 해소시켜야 한다는 급한 생각을 버리면 중압감이 사라집니다.

'내 결혼식이라면 화려하고 멋지게, 남들과 다르게 해야지' 하는 욕심부터 버리십시오. 그런 결혼식은 세상 어디에도 없습니다.

모르면 인생이 고달픈 인연의 법칙

재미있는 이야기 하나 들려드리겠습니다.

한 남자가 매우 아름다운 아내와 아이들을 남기고 몸이 약해져서 죽게 되었습니다.

그는 죽어서 기러기로 환생했는데, 이상하게도 기러기의 날개는 모두 금 깃털로 이루어져 있었습니다.

그는 남겨놓은 아내와 자식들을 위해서 좋은 일을 하고 싶어서, 날마다 자신의 집으로 날아가서 금 깃털 하나씩을 마당에 떨어뜨려 놓았습니다.

기러기가 금 깃털을 떨어뜨리고 가는 것을 본 자식들이 이상하게 여기며 말했습니다.

"왜 저 기러기는 매일 금 깃털을 하나씩을 두고 가는 걸까? 내일 다시 날아오면 기러기를 잡아 날개를 한꺼번에 뽑아 버려야겠어. 그리고 기러기를 새장에 가두어 기르면 언제든지 황금 깃털을 얻을 수 있을 거야."

이튿날 자식들은 엄마와 의논하여 마당에 커다란 그물을 쳤습니다. 얼마 후에 기러기가 날아와 그물에 걸리자 그들은 황금 깃털을 모두 뽑아 버리고 말았습니다. 결국 기러기는 그물에 걸려서 발버둥 치다 숨이 막혀 죽고 말았습니다.

어떤가요. 이렇게 욕심을 한꺼번에 부리다보면 분명히 부작용이 생기게 됩니다. 욕심이 나더라도 하나 하나 차근차근하게 밟아 나가세요.

    또한 들려주고 싶은 말은 아무리 화가 나고 실망해도 긍정적 감정과 부정적 감정의 비율을 5대 5로 유지하는 커플들은 잘 지내게 된다는 사실입니다.

    서로 실망하지 않고 화나지 않는 커플은 없습니다. 그러나 화가 나더라도 부정적인 것보다 긍정적인 감정을 평소에 얼마나 쌓아 놓고 저축했는지가 더 중요합니다.

    그래서 결혼을 준비하면서 갈등을 겪고 아무리 화가 나더라도 상대방에 대한 인신공격만은 참아야 합니다. 말은 상처가 되어 상대방에 마음에 큰 상처를 내기 때문입니다.

결혼 전에
이것 좀 물어 보세요

미국의 작가 로빈 스미스 박사는 결혼 전 꼭 물어야 할 질문을 만들었다고 합니다. 다음은 각각의 질문들입니다.

읽으면서 자신에게도 한번 물어 보세요.

직업에 대한 물음

현재 다니고 있는 직장은 어떤 기준으로 선택했습니까?

일주일에 몇 시간이나 일을 합니까?

최종 목표는 무엇입니까?

은퇴 후 계획은 무엇입니까?

직장을 그만뒀을 때 계획하는

일은 어떤 것입니까?

절대 혼자 살지 마라

직업에 대해 세부사항은? (얼마나 자주 출장을 다니는지,
위험한 일은 아닌지 등)

돈에 대한 물음

연봉은 얼마나 됩니까?
은행 예금은 결혼 중에 각각 따로 관리할까요? 같이 할까요?
부채가 있습니까?
가계부를 쓰겠습니까?
많은 돈을 번다는 것은 당신에게 얼마나 중요합니까?

양육에 대한 물음

언제, 몇 명이나, 아이를 갖고 싶습니까?
아이들은 어떤 종교적이거나 정신적 토대 위에서
양육되어야 한다고 생각하십니까?
친지들과 가까운 사이로 아이를 키우는 것이
중요하다고 보십니까?
어떤 방식으로 아이를 교육할 생각입니까?
남자 아이나 여자아이나 평등하게 다루겠습니까?

종교에 대한 물음

신을 믿습니까? 그것이 당신에게 어떤 의미입니까?

어떤 종교적 활동을 하고 있습니까?

그것이 당신의 삶에 큰 부분을 차지하고 있습니까?

당신의 종교가 음식, 사회활동, 가족, 성관계 등의
일상 행동에 제약을 주진 않습니까?

결혼 상대자와 종교적 신념을 공유하는 것은
얼마나 중요합니까?

신앙에 따라 아이를 양육한다는 것은 당신에게
얼마나 중요합니까?

자, 결혼을 앞두고 있다면, 결혼할 누군가를 기다리고 있다면 한 번 이 질문에 답을 스스로에게 해보세요.

나를 점검하고, 상대방을 점검하는 계기가 될 것입니다. 그러면서 나도 발견하고, 상대방도 발견하는 아주 귀한 질문들이 될 것입니다.

결혼은 한 걸음 한 걸음 나아가는 인생의 출발점이지, 종착점이 아닙니다. 하나하나 자신이 누군가와의 결혼생활을 잘 해나갈 수 있는지 생각해보면서 내 인생을 한번 점검해 봅시다.

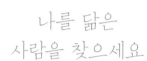

나를 닮은
사람을 찾으세요

흔히들 서로 다른 매력에 남녀는 이끌립니다. 마치 자석이 이끌리듯이 말입니다. 그러나 결혼에 있어서만은 이런 점이 그다지 장점이 되지 않습니다. 왜 그러냐 하면 성격 차이가 클수록 다툼의 요소가 커지기 때문입니다.

많은 사람이 자신과 다른 성격을 원하지만, 실제로는 비슷한 성격이 파트너로 더 적당합니다. 아무래도 서로를 이해하기 쉽기 때문이지요. 그리고 자신과 비슷한 성격적 특성을 가진 사람을 긍정적으로 바라보게 됩니다.

가치관, 종교관 등에 대해서 비슷한 생각을 가질수록 더 행복한 결혼을 하게 될 확률이 높습니다. 서로 충돌하는 점이 줄어들기 때문이지요.

　그러나 사람들에게 물어보면 대부분이 자기와는 다른 성격의 배우자를 원한다고 합니다. 그러나 이런 것은 환상입니다. 실제로는 서로 비슷한 성격과 가치관을 가질수록 더 잘 살 수 있는 것이 현실입니다.

　우리 모두는 내가 못 가진 어떤 면을 상대가 채워주길 바라는 이기적인 바람을 가지고 있습니다. 그러나 현실에서는 사실 비슷한 사람끼리 더 의기투합하고, 비슷한 성격이 더 잘 살게 되는 이치입니다.

돈에 눈 먼 커플은
불행합니다

사랑에는 여러 가지 모습이 있습니다. 그리고 늘 우리는 새로운 사랑을 찾는 것 같지만 실제로는 오래된 사랑이 더 강합니다. 새로운 사랑은 늘 잃어버릴까 두려워하는 집착과 불안이 생기지만 오래된 사랑은 그런 것이 없습니다.

오래된 커플은 이처럼 서로를 믿는 것이지요. 사랑은 흔히 유통기한이 있는 것처럼 말들 하지만 영원한 사랑은 반드시 있으며, 오랜 커플일수록 서로에 대한 깊은 애정과 이해가 있음을 명심하세요.

그러나 이런 믿음보다 돈이 모든 것의 중심인 세상입니다. 돈은 아주 특이해서 더 많이 가질수록 더 많이 원하게 됩니다. 이것은 부부간에도 마찬가지입니다.

경제적으로 여유가 있어도 돈에 대한 욕심이 클수록 서로 다투기 쉽습니다. 여유가 있으면 서로를 아껴줄 것 같아도 그렇지 않다는 것이지요.

경제적으로 풍요로워도 부부 모두 돈을 밝히는 성격이라면 결혼생활이 불행해질 가능성이 높다는 연구도 있다고 합니다. 특히 부부 모두가 돈을 가장 우선시하는 커플들은 관계에 문제가 생기기 쉽습니다. 돈은 무한한 욕망 덩어리이기 때문입니다.
그러나 돈보다 더 큰 가치를 추구하는 커플은 오히려 더 행복해하고 있음을 주변에서 많이 보게 됩니다.

돈에 대해 강박적이고, 지금 아무리 잘살아도 돈이 더 필요하고 돈을 더 모아야 한다고 생각하는 사람들은 늘 채워지지 않는 허기를 안고 살아가는 것이나 마찬가지입니다.

속 좁고, 꽁한 성격은
피해야 합니다

서로 다투며 사는 것이 인생입니다. 다툼이 없으면 지루하겠지요. 커플도 마찬가지입니다. 다툼이 있어도 그걸 툴툴 털고 잘 일어서고 화해하는 커플은 오래 갑니다. 다툰 만큼 더 가까워지는 것이지요.

서로 오래 사랑하고 살려면 갈등을 잘 극복하는 법을 배워야 합니다. 말다툼이 있어도 금방 털어버리는 능력, 그것은 사랑하는 능력만큼이나 중요합니다.

무엇보다 갈등을 잘 이겨내는 여자 혹은 남자를 찾아내야 합니다. 두 사람 중 한 명이라도 서로 갈등을 금방 잊고 다시 시작하는 성격이라면 서로간의 문제도 해결이 쉽습니다.

그러나 꽁하는 성격에 갈등을 그대로 마음에 담아두는 사람이

절대 혼자 살지 마라

라면 오랫동안 문제가 쌓여갈 가능성이 높습니다. 어느 한쪽이 다투고 나서도 앙금을 남기지 않는 성격일 때 갈등을 잘 극복하고 관계가 길게 지속됩니다.

누구나 알고 싶은
행복한 결혼의 비밀

첫 인상이 중요합니다.

밝고 명랑하고 여유와 유머가 있는 사람이 정신적 육체적으로 건강한 사람입니다. 특히 미소가 가득한 인상이 좋습니다.

첫인상을 결정하는 가장 큰 요인은 표정입니다. 많은 사람을 만나보았지만 밝고 미소를 짓는 얼굴을 보면 아무런 이유 없이 기분이 좋아집니다.

그래서 돈이 안 드는 성형이 웃음입니다. 말붙이기도 어려울 정도로 차가운 외모의 미인보다는 미소가 아름다운 평범한 외모의 여성이 더 친근하고 호감이 가게 됩니다.

어떤 책에서 처음 만났을 때 90초 이내에 상대방에게 호감을 주느냐, 그렇지 못하느냐가 이미 결정되어버린다는 내용을 읽었습니다.

그래서 첫인상은 말 보다는 표정이나 몸짓입니다. 늘 미소 짓는 얼굴은 복을 불러옵니다.

스스로 굳은 표정으로 남을 밀어내지 말고, 미소를 띠고 활짝 환영인사를 상대방에게 보내보세요. 평소에 미소를 잘 짓지 않는다면 매일 거울을 보고 웃는 연습을 해보는 것도 좋습니다.

상대방 부모를 잘 살펴보세요.

불안한 직장, 감당하기 어려운 집값 때문에 결혼을 부담스러워하는 젊은 사람들이 늘어나고 있습니다.

최소 결혼자금을 마련하는 일조차도 쉽지 않습니다. 특히 남자는 신혼집을 마련해야 한다는 부담이 커져서 더욱더 결혼을 기피하게 된다고 합니다.

여성 역시 커리어에 집중하고 살다가, 결혼이 직장생활에 장애물이 될까봐 기피하게 됩니다. 여자도 성공하고픈 시대이기 때문이지요. 맞벌이가 힘든 상황임을 알기에 결혼을 미루는 여성들도 늘어가고 있는 것입니다.

그래서인지 부모부터가 자식을 결혼시키면서 상대방의 스펙을 꼼꼼히 따지는 거래를 하려고 합니다. 소위 밑지는 장사를 하기 싫은 겁니다. 내 자식의 결혼 상대가 이왕이면 학벌, 용모, 집안, 직장

모르면 인생이 고달픈 인연의 법칙

이 좋으면 좋을수록 좋다는 욕심을 버리지 못하는 겁니다.

그래서 상대방 부모를 살펴봐야 한다는 겁니다. 결혼하고 싶은 남성의 부모가 구시대 여성(현모양처)만을 고집하는가, 결혼하고 싶은 여성의 부모가 최고의 엘리트(직장 좋고 잘생기고 최고의 학벌)만을 고집하는가를 살펴보세요. 사람 됨됨이 보다는 조건만 따지는 부모를 보면 상대방의 인품까지도 파악할 수 있습니다.

그의 현재 위치 보다 미래가 더 중요합니다

얼마 전 재미있는 설문조사를 신문에서 읽었습니다. 한국, 중국, 일본 등 동북아 3국의 미혼남녀를 상대로 한 설문 조사인데요.

이 설문조사에서 한국 남성과 여성이 결혼 조건으로 우선시 한다고 답한 것은 직업이었습니다(남 78%, 여 96%). 소위 말하는 검사, 변호사, 의사 등 전문직업을 가진 사람을 절대적으로 원한다는 겁니다.

그러나 중국 남성과 여성은 삶의 목표(남 72%, 여 68%)를, 일본 남성과 여성은 가치관(남 90%, 여 81%)을 가장 중요한 조건으로 꼽았습니다. 우리의 결혼관이 매우 현실적인 것인지, 과연 바람직한 것인지, 의문이 들었습니다.

집에 대한 문제는 중국(남 28%, 여 29%), 한국(남 15%, 여 33%), 일본(남녀 각각 4%), 이런 비율로 한국과 중국의 여성은 결혼할 때

집부터 우선시 합니다. 그러나 일본은 신혼부부가 대부분 월세로 시작하기에 그다지 큰 기대는 하지 않는다고 합니다.

이처럼 우리나라는 일단 상대방의 미래 가능성을 보기 보다는 현재 얼마나 남이 알아주는 직업을 갖고 있는지 여부를 먼저 따지는 풍토입니다.

그러나 앞으로는 생각을 바꿔서 미래의 발전 가능성이 있는 상대를 찾아보세요. 현재의 학벌이나 직업이 전부가 아닙니다. 상대방의 학벌이 좋다고 해서 결코 능력이 있는 것은 아닙니다. 상대가 하고 있는 직업이 미래지향적인가를 우선순위로 생각해 보세요.

사회적으로 안정된 직업이나 공무원을 택하라는 것이 아닙니다. 현재 소박하고 작더라도 꾸준히 해나갈 수 있는 전망이 있는 직업을 가지고 있다면 그것을 긍정적으로 봐야 합니다.

대화가 잘 통하는 상대여야 합니다

미국의 저술가 바바라 태넌 박사는 대화를 하는 이유가 자기 의사를 전달하고자 하는 욕망 때문이라고 하였습니다. 의사전달로 서로의 감정을 주고받으며 자신을 열어내어 보인다는 것입니다.

우리는 서로 대화를 나눔으로써 상대방에 대해 보다 더 깊이 이해하고, 애정을 주고받게 됩니다.

또 문제가 생겼을 때 서로 대화를 통해서 문제를 해결하고, 생각을 나누며 부부간에 협력하게 됩니다.

즉 대화를 통해서 상대방과 나의 감정이나 느낌을 전달하며 함께 나누고, 가치관, 향후 계획을 서로 공유하며 상대의 장점을 발견하고 또 단점을 보완해 나가게 됩니다. 그래서 말이 잘 통하는 상대가 중요합니다.

인생을 살다보면 순탄한 일상만 있는 것은 아닙니다. 어려운 문제가 생겼을 때 뜻을 같이 하고, 대화를 나누며 삶을 공유할 수 있는가를 살펴보세요.

가장 쉬운 확인 방법은 같이 여행을 가거나, 템플스테이 같은 장거리 여행 프로그램에 함께 참석하면 쉽게 알 수 있습니다.

결혼 준비는 혼수 준비가 아닙니다

세월이 흘러도 결혼 준비과정은 비슷한가 봅니다.

결혼은 여전히 집안과 집안의 결합이라고 생각하는 것입니다. 그래서 서로 상대방에게 부담을 주게 됩니다. 체면 때문에 결혼비용도 한없이 올라가게 되고, 부모님에게 의존하게 되고, 그러다보니 집안의 입김이 거세집니다. 물론 그럴수록 당사자들의 스트레스는 더욱 더 커지는 것이죠.

그래서 이런 저런 얽히고설킨 관계가 부담스러워서 결혼을 하지 않는 사람도 많이 생긴다고 합니다.

개인끼리의 결합을 집안끼리 문제로 키워놓고 보니 이렇게 저렇게 신경 쓰이는 게 많아지는 것입니다.

아직도 결혼을 집안 대 집안의 결합이라고 보면서 자녀에게 간섭을 하려는 부모들은 자제해야 합니다. 결혼할 때 열쇠 몇 개를 받으려 하거나 또 돈 자랑을 하는 일은 없어야 합니다.

요즘에는 좋아하는 사람들만 모여서 조촐하게 결혼식하고, 결혼식 당일에는 사랑하는 사람들의 축복 속에서 조용하게 결혼식을 치르고 싶어 하는 젊은 남녀가 많습니다.

그렇게 소박하게 결혼식을 치르면 결혼하고 나서도 집안의 눈치를 볼 필요가 없는 것이죠. 둘이 잘 살면 되는 것입니다.

그래서 결혼을 준비하면서 사랑도 중요하지만 혼수 문제를 사전 협의 하는 것도 매우 중요합니다. 서로의 가정 형편에 맞는 혼수 계획을 미리 짜거나, 양가 부모의 양해를 구해 합일점을 찾도록 하세요.

자녀의 결혼이 부모의 대리 만족이 아닙니다

요즘은 오랫동안 학업을 계속하다보니 여자는 스물다섯이 훌쩍

넘어서거나, 남자는 서른이 다 되어서야 직장생활을 시작하는 사람들이 많습니다.

이러다보니 대학을 졸업하고 취업하자마자 결혼하게 되면, 저축액이 거의 없는 것이 현실이지요. 그래서 결국 양가부모의 도움을 받을 수 받게 없습니다.

물론 신혼부부가 마련해야 할 전세금 또한 만만치 않습니다. 결국 집 문제로 결혼을 미루다가 늦은 나이에 결혼을 하게 되는 등 저 출산의 원인이 되기도 합니다. 개인 문제가 사회문제로 발전하는 것이지요.

원룸에서 신혼을 시작하려는 신혼부부들이 많지 않고 남들처럼 아파트 전세로 시작하려다 보니 양가 부모의 도움을 받게 되고, 결국 경제적, 정신적으로 부모에게 의존하게 됩니다.

부모도 부모 입장에서 자신이 지원해준 것이 있으므로 의사결정과정에서 간섭을 하려고 합니다. 결혼 상대자를 고르는 과정에서도 내 자식이 귀하다며 이런 저런 간섭과 주장을 하곤 합니다. 심지어 신혼집 인테리어까지 양가 부모가 간섭해서 서로 다툼이 생긴다는 이야기도 들었습니다.

그러나 아들이 장가가고, 딸이 시집가는 것입니다. 그런데 양가 부모님들이 착각하는 경우가 많습니다. '어떻게 키운 자식인데' 라는 생각을 버리세요. 누구나 애지중지 키운 자식들이기에 너나할

118

절대 혼자 살지 마라

것 없이 소중한 자식들인 것입니다. 사랑하는 자식이니만큼 내 품에서 놓아주고 그들의 의사를 존중하는 것이 필요합니다.

상대방의 모든 단점을 수용하세요

상대방에 대한 기대치가 너무 높은 것도 문제입니다.

상대방의 옷차림, 말투, 걸음걸이, 식사하는 방법까지 모두 내 마음대로 뜯어고치고 싶어 하는 커플들이 많습니다.

식당에서도 본인은 건강에 좋은지, 안 좋은지 이것저것 따져가며 먹는 것은 좋은데 상대방에게도 그것을 강요하는 커플도 있습니다. 연애할 때도 이런 모습인데 결혼하게 되면 상황은 더 심각해집니다.

결혼준비 과정에서부터 신혼여행지, 예물, 혼수 등 이것저것 자기 의견만 고집하고 간섭하다보면 결국 감정싸움에 이릅니다. 이런 사람들은 아마도 성장과정에서 부모가 심하게 간섭을 하며 키워졌을 가능성이 큽니다. 그래서 습관처럼 그런 방식에 익숙한 것입니다.

문제는 이런 것들이 쉽게 고쳐지지 않는다는 것입니다. 인정할 것은 인정하고 살아야 합니다. 결혼 역시 공동생활이기에 상대방의 선택을 존중해야 합니다.

물론 습관은 쉽게 버릴 수가 없습니다. 세 살 버릇 여든 간다는 말이 있죠. 결혼을 했다고 해서 단번에 나쁜 버릇이 사라지는 것은 아닙니다. 결혼은 상대의 단점까지도 수용해야합니다. 그래서 상대의 단점을 빨리 발견하고 수용할 수 있을 용기가 있는 사람만이 결혼에 성공할 수 있습니다.

결혼은 서로 다른 두 문화가 만나는 것입니다

서로 사랑하는 두 사람은 그동안 전혀 다른 환경에서 자라났습니다. 당연히 어떤 상황에 대응하는 방식도 다릅니다.

두 사람이 사랑하고, 결혼하는 것은 서로 다른 두 문화가 만나는 것이므로, 상대방에 대한 배려 없이는 순조롭게 이어질 수 없습니다.

이 사람과 평생을 함께 하고 싶다면 서로에 대해서 깊이 생각해 보세요. 상대의 관심사, 꿈, 좋아하는 것들을 자세히 알고 나면 상대방에 대한 배려심이 생기게 됩니다. 상대방을 배려하기 위해서는 먼저 상대방을 이해하는 것이 우선해야 합니다.

데이트를 하는 동안에도 데이트 비용, 약속시간, 음식선택을 할 때 상대를 먼저 배려하세요. 나보다 상대를 염려하는 마음에서 사랑이 싹트는 법입니다. 사귀는 순간부터 상대방의 작은 기념일부터 의미를 부여하고 챙겨 보세요.

또 상대방 부모님들의 기념일을 챙기도록 합니다. 선물이 부담스럽지 않은 선에서 준비한다면 사랑은 두 배가 될 것입니다. 적정한 시기에 적정한 선물은 상대의 마음을 움직일 수 있는 묘약이기 때문입니다.

세 번째. 인연.

잘 났건, 못 났건, 나를 사랑하는 법

늘 성실하게 열심히 살면 내 삶이 평온한 강처럼
잔잔하고 평화로울 것입니다.
진리의 강물로 목욕하고 반짝이는 지혜를 받아
두터운 번뇌를 벗겨내고 아름다운 새벽을 여는 겁니다.

S o p h o c l e s

참다운 사랑의 힘은 커다란 산보다도 강하다.
그러므로 그 힘은 큰힘을 가지고 있는 황금일지라도
무너뜨리지 못한다.

소포클레스

사랑은 끝없는 신비이다.
그것을 설명할 수 있는 것이 전혀 없기 때문이다.

타고르

Rabindranath Tagor

사랑에는 한 가지 법칙밖에 없다.
그것은 사랑하는 사람을 행복하게 만드는 것이다.

스탕달

마음의 낀 세 가지 때를
벗기는 법

마음에는 세 가지의 독한 때가 있는데, 이를 삼독(三毒)이라고 합니다. 이는 탐욕의 불, 성냄의 불, 어리석음의 불이 타고 있음을 의미합니다. 이 불길을 제거하면 평온하고, 시원하기 이를 때 없는 자유로운 상태가 되는데, 이것이 바로 해탈인 것입니다.

그럼에도 불구하고, 이 세 가지의 독을 제거하기란 쉽지가 않습니다. 주위의 일에 지나치게 관심을 보이는 것도 탐욕의 불이요, 지나치게 간섭을 하는 것도 성냄의 불이요, 지나치게 잘못을 지적을 하는 것도 어리석음의 불입니다.

이런 세 가지의 독한 때를 걷어내기 위해서는 종종 거울을 봅니다. 거울에 비친 자신의 모습을 보면서, 얼굴에 끼어 있는 번뇌를

읽어내는 겁니다. 가끔은 그 번뇌의 불길 속에서 타고 있는 자신을 발견하기도 합니다.

오늘도 거울에 자신의 얼굴을 한번 들여다보세요. 내 마음에 때가 끼지는 않았는지, 혹시 마음의 세 가지 독한 때(三毒)를 가지고 있는 건 아닌지.

만일 거울에 비친 내 얼굴이 그렇게 보인다면 얼른 마음의 독한 때를 천천히 매일매일 지우기 바랍니다.

마음의 때라는 것은 하루아침에 생기는 것은 아니기 때문입니다.

욱 하는 마음, 다스리기

하나, 분노를 참기

'욱'하는 마음에 아이를 때리거나 부부싸움을 하면서 상대에게 상처 주는 말을 하고, 가깝던 친구, 격의 없던 동료, 친한 선후배와 순간의 다툼으로 사이가 나빠졌던 경험이 있습니까?

나쁜 일을 하는 사람은 당하는 사람의 분노를 고스란히 사게 됩니다. 그래서 결국은 분노의 앙갚음을 받게 됩니다. 분노를 끊으면 편안히 잘 수 있고 분노가 없어지면 걱정이 사라집니다

둘, 진정으로 감사하기

나의 기대치만큼 상대방이 내게 다가온다면 상대에게 감사하는

절대 혼자 살지 마라

습관, 즉 받은 만큼 돌려주는 감사가 아니라 자신이 먼저 감사하는 습관을 들이세요. 매사에 감사하는 마음을 갖고 살도록 하도록 하세요.

셋, 유혹에 맞서기

살아가면서 우리가 싫어하는 것들이 많습니다. 흔히 아이들이 싫어하는 음식을 보고 질색하며 피하는 것처럼 어른들도 크게 다르지 않습니다. 그러나 몸에 좋은 음식이 맛이 없을 수도 있습니다. 그래서 음식을 다뤄서 식습관을 바꾸듯이 삶도 그렇게 바꿀 수 있습니다.

내 삶을 단순화하려는 노력이 복잡한 사회에 적응하며 살아가는 지혜입니다. 자유로운 삶을 누리려면 오감이 우리에게 순종하도록 훈련해야 하며 마음은 오감이 받아들인 것을 소화하고 흡수하게 됩니다.

또한 커다란 유혹과 맞서는 데는 내면의 힘이 필요합니다. 명상할 때 떠오르는 잡념에 저항하지 마세요.
하나에 저항하면 둘이 오고, 둘에 저항하면 셋이 옵니다. 늘 명상하듯 차분한 마음으로 우리 오감이 느낀 것을 편안하게 받아들이고 긍정적으로 대하십시오.

넷, 마음에 낀 때 버리기

하루 세 번은 자신을 돌아보세요. 아침에 일어나면 세수를 하고,
집안이 지저분하면 청소를 하고, 손이 더러우면 씻을 줄은 알면서
마음에 낀 때는 알아차리지 못하고 삽니다.

부처님께서 말씀하셨습니다.
"백 년 동안의 때가 묻은 옷이라도 하루 만에 씻어내면 깨끗해
지는 것처럼 살아가는 동안에 지은 모든 나쁜 때도 잘 닦으면 일시
에 소멸합니다."
그리고는 제자들과 이렇게 문답을 주고 받으셨습니다.

"오백 수레에 가득 실린 섶을 태워버리고자 한다면, 몇 차의 불
을 쓰면 되는가?"
"팥알만 한 불로 잠깐 사이에 태워 버립니다."
"1년 동안 입고 있는 옷의 때를 지우는 데는 몇 시간이 걸리는가?"
"물 한말이면 잠깐 동안에 깨끗이 씻습니다."

그렇습니다. 이처럼 우리들이 쌓아 놓은 지저분한 온갖 것들이

1년 된 옷의 때와 같습니다. 이를 잘 닦으면 어느 순간에 깨끗이 씻어낼 수 있습니다.

다섯, 욕심 버리기

어미 소의 커다란 배를 부러워한 개구리가 욕심을 내서 한껏 숨을 들이마셔 배를 부풀리다 배가 터지고 말았다는 우화가 있습니다. 또 하마의 큰 입을 부러워한 금붕어가 입을 벌리다가 입이 찢어졌다는 우스갯소리도 있습니다.

그러나 이것이 우화나 우스갯소리로 그치는 것은 아닙니다. 인간도 진리와 지혜를 좇지 않는 한 언제나 어리석을 뿐입니다
욕망으로 가득한 개구리, 허황된 꿈으로 몽유하는 가정은 분명히 병이 깊은 가정이며, 베풀 줄 모르고 탐욕으로 가득한 사회는 지치고 고달픈 사회일 것입니다.

사람이 평소에 욕망을 즐기면 다섯 가지를 소모합니다.

-방종하므로 재산이 줄어들고
-몸을 위태롭게 하여 도를 잃게 되고
-사람들이 존경하지 않아 죽을 때 외로우며

-추한 이름과 나쁜 소문에 시달리게 됩니다.

 여섯, 적극적으로 생각하기

장미꽃을 보고 "예쁜 꽃나무에 웬 가시냐." 대신에
"가시나무에 얼마나 아름다운 꽃이냐."
비가 오는 날 "비가 오니 땅이 질겠군." 대신에
"비가 오니 먼지가 나지 않아 좋아."
"물이 반밖에 담겨져 있지 않군." 대신에
"물이 반이나 담겨져 있군."

이처럼 적극적이고 긍정적인 사고를 하면 다음과 같은 행복이
돌아옵니다.

-행동반경이 넓어지고 시간을 잘 활용하게 됩니다.
-남이 무엇을 해주기를 바라지 않고 자기 스스로 먼저
 행동합니다.
-일하는 데 방해되는 모든 악조건들이 없어지게 됩니다.
-병에 걸리지 않습니다.
-시간을 잘 활용하여 많은 일을 성취합니다.
-자신의 재능을 최대로 발전시킵니다.

-미래를 긍정적으로 예측하게 됩니다.

또한 다음은 우리가 모르는 진리를 알게 해주는 귀한 글이니 마음에 담아서 평소에 외워보세요.

-많이 아는 것은 귀한 것이나 그보다 더 귀한 것은
 다 털어버리는 것입니다.
-많이 갖는 것은 부유한 것이나 그보다 더 부유한 것은
 하나도 갖지 않는 것입니다.
-남을 이기는 것은 용기 있는 것이나 그보다 더 큰 용기는
 남에게 져 주는 것입니다.
-가득 찬 그릇에는 넘쳐버리지만, 비어 있는 그릇에는
 무언가 담아집니다.

가난을 한탄만 하면
해결 될까요

가난을 한탄만 하고 그 가난을 벗어나려는 노력을 하지 않는 한 여인에게 어느 성직자가 묻습니다.

"부인께서는 가난하다고 하는데, 그럼 가진 것이 무엇이 있나요?"

"가진 거라고는 하나도 없습니다."

"그렇다면 부인께서는 큰 부자시군요."

여인이 어이없다는 표정으로 바라보자 성직자가 다시 말했습니다.

"가난함이 가득 넘치니 부자가 아닙니까. 넘치는 가난함을 파세요. 팔려나간 그 자리에는 복과 재물이 쌓이게 될 것입니다. 부인의 집에 빈 물병은 있습니까?"

"예, 있지요."

"그 물병을 깨끗이 씻은 다음 깨끗한 물을 담아 목마른 사람에게 나누어 주세요."

　이 이야기는 무얼 말하는 것일까요. 지금 내 손안에 아무 것도 없다 하더라도 남을 도울만한 여지는 있다는 것입니다. 가난하다면 살기에 팍팍해지고 남에게 여유 있게 대하기란 더욱 어렵습니다. 부자 곳간에서 인심난다는 말이 있습니다. 먹고 살기 여유로워야 남을 돌아볼 수 있다는 것입니다.

　하지만 이건 반드시 그렇지만은 않습니다. 내 손에 돈이 없더라도 남에게 작은 친절은 베풀 수 있을 것이고 남을 배려할 수 있을 것입니다.

　오히려 부자보다는 가난한 이가, 가난할수록, 어려울수록 남에게 작은 성의나마 베푼다면 그 친절이 다시 복이 되어 내게 되돌아올 것입니다.

　착한 일과 악한 일은 손과 같습니다. 한쪽을 뒤집으면 다른 한쪽이 나오듯이 악한 일만 하지 않으면 자연 선한 일은 행해집니다.

착한 일을 하면
좋은 인연을 부릅니다

악의 열매가 익기 전에는 악한 사람도 복을 받는다.

악의 열매가 익은 뒤에는 악한 사람은 벌을 받는다.

선의 열매가 익기 전에는 착한 사람도 화를 만난다.

선의 열매가 익은 뒤에는 착한 사람은 복을 받는다.

-법구경-

　세상을 살아가는 삶의 모습이 천차만별인 만큼 그에 대한 주위의 평가도 다 다르기 마련입니다. 어떤 사람은 없으면 안 되는 꼭 필요한 사람인데 비해서 어떤 사람은 욕만 먹고 살아갑니다. 전자의 사람은 주위에 도움이 되는 사람이고 후자의 사람은 방해가 되는 사람입니다. 스스로 어떤 사람으로 평가를 받고 있는지 뒤돌아볼 일입니다. 이왕 사람으로 태어났으면 주위에 도움이 되는 사람으로 살아야 합니다.

사람을 평가할 때 여러 가지 기준이 있습니다. 하지만 어떤 사람을 평가할 때 그를 둘러싼 조건으로 평가함은 바람직하지 않습니다. 사람은 직함이나 외모가 아니라 인격으로 평가해야 하며, 그 인격은 얼마나 성실하고 진실하게 사느냐에 따라 달라집니다. 성실하고 진실하게 산다는 것은 그 어떤 형식적이고 가식적인 것에도 얽매이지 않고 항상 평온한 마음으로 세상에 이롭게 살아가는 것입니다.

스스로 인격을 갖추기 위한 세 가지 조건을 요약하면 지(智), 덕(德), 체(體)를 꼽을 수 있습니다.

지(智)는 올바른 지혜로 해야 할 것과 하지 말아야 할 것을 잘 구분하는 것입니다.

덕(德)은 넓은 아량을 갖추어 세상을 품고 아끼는 마음입니다.

체(體)는 몸을 특히 손과 발을 이야기하는데 건강하게 사는 것을 말합니다.

잘났건, 못 났건, 나를 사랑하는 법

이처럼 바른 판단을 하는 머리와 넓고 따뜻한 가슴, 그리고 그것을 실천에 옮기는 손발을 갖추면 온전한 인격을 갖추는 것입니다.

어느 스님이 부잣집 생일잔치에 다 떨어진 옷을 입고 가서 하인에게 주인을 만나러 왔다고 말했습니다.

하인이 주인에게 웬 거지같은 스님이 주인님을 만나러 왔다고 하자 주인은 얼굴을 찡그리며 이렇게 말했습니다.

"오늘처럼 경사스러운 날에 거지가 오다니, 얼른 쫓아내버려라."

문 앞에서 쫓겨난 스님은 다시 절에 돌아와서 깨끗한 옷을 걸치고 부잣집으로 가니 주인의 반응은 전과는 완전히 달라졌습니다.

"아이고 이렇게 누추한 곳에 고매하신 스님께서 오시다니요."

상석에 모시고 음식을 대접하자 스님은 음식을 먹지 않고 옷 속에 집어넣었습니다.

이상하게 여긴 부자가 그 이유를 묻자 스님이 대답하길

"당신이 모신 스님은 내가 아니라 이 옷이니 이 옷에게 음식을 먹여야지요."

그제야 부자는 자신의 어리석음을 깨달았다고 합니다.

겉모양만으로 사람을 판단하는 어리석음을 버리고 인격과 내면의 모습으로 그 사람을 판단하고 평가해야 하지 않을까요.

절대 혼자 살지 마라

또한 살면서 우리가 지어온 업을 피할 곳은 산도 아니요, 바다 속도 아니며 하늘에도 있지 않습니다.

그림자가 사람을 따라 가듯이 선악의 업은 결코 사라지지 않습니다. 지은 바 업은 인과 연이 모여서 성숙하며 그때는 떨어지는 폭포처럼 막을 수도 없고 대신 받을 사람도 없습니다.

지금 이 순간부터라도 인격을 갈고 닦으며 주위에 좋은 일을 많이 해서 좋은 업 쌓으세요.

잘났건, 못 났건, 나를 사랑하는 법

기회란 가난과 고통 속에서
발견하는 것

우리나라를 순식간에 흔들리게 했던 IMF와 몇 해 전 벌어진 세계금융위기, 이 모든 사건들은 다시금 우리를 겸손하게 만듭니다.

경제위기를 겪으면서 사장이던 사람이 김밥가게 주인이 되고, 회사 중역을 하던 사람이 포장마차의 주인이 되기도 합니다. 이처럼 지위와 재산은 순식간에 없어지고 맙니다.

그러나 내가 쌓아온 마음의 강력한 힘은 쉽게 사라지지 않습니다. 그래서 생각을 바꾸면 역경도 긍정하게 됩니다.

재물을 잃은 것보다 희망을 잃어버리는 것이 진정 두려운 것입니다. 지금 실패했더라도 한때의 부귀영화를 생각하며 한탄을 하며 세월을 보내서는 안 됩니다.

절대 혼자 살지 마라

기회나 행운은 풍요로움 속에 있는 것이 아닙니다. 그것은 고통을 당할 때 열려 있습니다. 지금 당신이 어려움과 고통을 겪고 있다면, 가난한 사람은 희망을 품는 계기로, 부자는 나눔의 공덕을 쌓는 계기로 삼으면 되지 않을까요.

늘 성실하게 열심히 살면 내 삶이 평온한 강처럼 잔잔하고 평화로울 것입니다. 진리의 강물로 목욕하고 반짝이는 지혜를 받아 두터운 번뇌를 벗겨내고 아름다운 새벽을 여는 겁니다.

그러나 게을러서 재물을 모으지 못하거나, 재물을 모으되 만족을 모른다면 둘 다 불행한 사람입니다.

내 안의 분노를
아기 다루듯 하세요

어느 스님의 말씀대로, 닭장에서 잠도 자지 못하고 좁은 공간에서 알을 낳아야 하며, 좁은 공간에서 살아가기 위해 부리로 서로를 쪼아대야 하는 닭의 일생과 닭이 받을 스트레스를 생각해봅니다. 그렇다면 우리가 계란을 먹을 때 그 닭이 느낀 분노와 좌절을 먹는 셈입니다.

화가 나면 화를 참기가 힘듭니다. 그래서 화가 날수록 더욱 말을 삼가야 합니다. 내가 남의 마음을 아프게 하면 그 사람도 나의 마음을 아프게 할 것입니다.

만약 집에 불이 났다고 하면 무엇보다 불을 먼저 꺼야 합니다. 불이 왜 났는지 고민하고 원인을 찾는 동안 집은 이미 다 타버리

절대 혼자 살지 마라

게 될 것입니다. 나를 화나게 한 상대방에게 앙갚음을 하려고 하는 것은 불이 붙은 집을 두고 방화범을 잡으러 가는 것과 마찬가지입니다.

그렇다면 마음의 불을 끄기 위한 방법에는 어떤 것이 있을까요?

의식적으로 호흡하기
의식적으로 걷기
화를 끌어안기
본성을 늘여다 보기
타인의 내면을 깊이 들여다보기

등이 있습니다.

자신의 성난 얼굴을 거울에 비춰보세요. 무언가 마음속에 전해질 것입니다.

화는 우는 아이와 같습니다. 아이는 무엇인가가 불편하거나 고통스러우면 웁니다. 우리는 화라는 아기의 어머니입니다. 어머니의 마음으로 화를 보살피고 다스려야 합니다.

그리고 감정을 추스르는 데는 시간이 필요함을 깨닫고 인내해야 합니다.

웃음은 돈이 안 드는
선물입니다

환한 웃음이야말로 남을 위해서 베풀 수 있는 것 중 으뜸입니다.
　환한 웃음처럼 재력이 없이도 할 수 있는, 일곱 가지 남을 위한
일들을 실천해 보는 건 어떨까요.

남을 대할 때

언제나 웃는 자비로운 얼굴로 사람을 맞이합니다.
그러면 안면 근육이 그쪽으로 발달하여 항상 생글생글 웃는 인
상, 온화하고 자애로운 얼굴이 되어 인격적 대우를 받게 됩니다.
반면 찡그리고 있으면 그쪽으로 근육이 발달하여 침울해지고,
결과적으로 고통스러운 일만 생기게 됩니다.

잘났건, 못 났건, 나를 사랑하는 법

아침에 하는 인사말

아침에 일어나 가족 간에 서로 인사합니다. 이것은 가정을 원만하고 밝게 하는데 매우 중요합니다.
아침 인사는 가정의 화목함을 보여주는 증거입니다. 상냥한 말한 마디는 상대에게는 기쁨이요, 자신과 가정에는 행복의 길입니다.

눈으로 보는 것

좋은 눈으로 사람을 바라볼 때 인맥이 쌓입니다.
눈매를 보면 그 사람의 인품을 알 수 있습니다. 매서운 눈, 쏘아붙이는 눈, 옆으로 보는 눈은 인덕이 없습니다.
눈은 마음의 창입니다.

평소 몸으로 하는 행동

몸으로 움직이는 평소 행동은 그 사람의 운명을 바뀌게 합니다. 정리 정돈을 잘하여 뒤에 보는 사람이 찡그리지 않게 하는 것도 베푸는 것입니다. 신발 정돈, 목욕탕 청소, 화장실 청소 등 일상에서 실행할 수 있는 것들은 무궁무진합니다.

절대 혼자 살지 마라

마음가짐

겉과 속마음이 다르면 건강하지 못합니다. 겉과 속마음이 일치하려면 그 속에 따스함이 있어야 합니다. 남의 행복을 진심으로 빌 줄 아는 마음이 중요합니다. 이럴 때 건강하고 행복해집니다.

앉은 자리 양보심

편안하고 좋은 자리를 자비롭고 좋은 얼굴로 양보할 줄 아는 사람이 되세요. 노약자, 장애인, 어린이에게 자리를 양보해 보세요.

친인척, 친구, 이웃 등을 정성껏 대접하기

상대가 누구든 잘 살고 못 살고 차별하지 말고 진심으로 정성껏 대합니다.

이 모든 행동은 일상생활에서 행할 수 있는 일들입니다. 이렇게 했을 때 탐욕, 질투, 원망, 분노와 같은 나쁜 잠재의식에서 벗어나고 결과적으로 각종 불의의 사고를 피할 수 있습니다.

행복의 꽃길을
둘이서 걸어보세요

매일 같은 길을 걷고 같은 골목을 지나도
하루하루가 같은 길이 아니었습니다.
어느 날은 햇볕이 가득 차 눈이 부시고
어느 날은 비가 내리고,
어느 날은 눈보라가 쳐서 눈 속을 걷는지
길을 걷는 것인지 모를 것 같은 날들도 있었습니다.

골목어귀 한 그루 나무조차 어느 날은 꽃을 피우고,
어느 날은 잎을 틔우고,
무성한 나뭇잎에 바람을 달고,
빗물을 담고,
그렇게 계절이 지나갑니다.

절대 혼자 살지 마라

매일 아침 집을 나서고
저녁이면 돌아오는 하루를 살아도
늘 어제 같은 오늘이 아니고
또 오늘 같은 내일은 아니었습니다.
슬프고 힘든 날 뒤에는
비 온 뒤 갠 하늘처럼
웃을 날이 있었고 행복합니다.
또한 조금씩 비켜 갈 수 없는 아픔도 있었습니다.

느려지면 서둘러야 하는 이유가 생기고,
주저앉으면 일어서야 하는 이유가 생겨납니다.
매일 같은 날을 살아도 매일 같은 길을 지나도
하루하루 삶의 이유가 다른 것처럼
언제나 같은 하루가 아니며,
계절마다 햇빛의 양이 다른 것처럼
언제나 같은 길은 아닙니다.

가지지 못한 많은 것들과 가지 않은 길들에 대하여
꿈꾸지 않기로 합니다.
이젠 더 가져야 할 것보다
지키고 잃지 말아야 하는 것들이 더 많습니다.

잘났건, 못 났건, 나를 사랑하는 법

한 가지를 더 가지려다 보면
한 가지를 손에서 놓아야 하니까요.

행복이라 여기는 세상의 모든 것들
이젠 더 오래 더 많이 지키고 잃지 않는 일이 남았습니다.
세상으로 발을 내딛는 하루하루
아직도 어딘가 엉뚱한 길로 이끄는 지류가
위험처럼 도사리고 있을지도 모릅니다.

절대 혼자 살지 마라

무심코 내뱉은 말이
내게 돌아옵니다

말이란 함부로 하는 게 못되는 고약한 요물입니다.

"당신은 반드시 결혼할 수 있습니다."

결혼 못한 청춘남녀가 찾아오면 누구에게나 그렇게 말을 하고 싶습니다. 하지만 '반드시'란 말에 과연 책임을 질 수 있을까요. 한 번 내뱉은 말을 다시 주워 담기 어렵습니다.

그래서 누군가 인연을 엮어주기가 점점 힘들어집니다. 처음에는 칭찬해주고 용기를 주고, 그 사람의 장점을 드러내보이도록 유도를 했습니다. 입에 발린 말로 '할 수 있다'는 쪽으로 힘을 실어줬습니다.

그런데 그 다음이 문제였습니다. 결혼이야말로 수행의 길입니다. 그래서 더욱 신중해야 할 일입니다. 마음대로 함부로 누군가와 결혼을 권유하는 것도 조심스러운 일입니다.

이렇게 우리는 자신도 모르게 구업(口業)을 짓습니다.

혼자 하는 나쁜 말조차 독이 되어 자신에게 돌아온다고 합니다. 그러니 상대를 향해 직접 하는 말은 항상 가려서 해야 하는 것입니다.

그래서 설사 말을 잘 하더라도 하던 말을 멈추고 조용히 침묵하는 시간을 종종 가져보는 겁니다.

말을 못하는 게 아니라, 하지 않을 따름인 것입니다. 말에도 책임이 뒤따르기에 헛공약을 달콤한 사탕발림처럼 말하지 말아야 합니다.

네 번째. 인연.

씨줄, 날줄 같은 세상
인연을 잘 맺는 법

잡을 수 없는 욕망을 우리는 이처럼 갈망하고 사는지 모릅니다.

물거품처럼 잡을 수도 없는 걸 잡겠다고 현생에서

이렇게 방황하고 질투하고 싸우고 있는지도 모릅니다.

William Shakespeare

사랑을 하고 있는 사람의 귀는 아무리 낮은 소리라도
다 알아듣는다.

세익스피어

사랑을 할 줄 아는 사람은 자기의 정열을 지배할 줄 아는
사람이다. 이와 반대로 사랑을 할 줄 모르는 사람은 자기의
정열에 지배를 받는 사람이다.

호라티우스

Quintus Horatius Flaccus

Miguel   de   Unamuno

사랑 받지 못하는 것은 슬프다. 그러나 사랑할 수 없는 것은 훨씬 더 슬프다.

M. D. 라이크

어리석음도
지혜입니다

이상한 술법을 좋아하는 사람이 있었습니다. 그는 스승이 가르치는 것을 단박에 깨달았지만 그가 배운 술법은 아직 스승에게는 미치지 못하였습니다.

어느 날 스승은 밖에 나갔다가 손님을 만나 술에 취해서 돌아왔습니다. 스승은 몸을 가누지 못하고 평상에 걸터앉았는데, 순간 평상의 다리가 부러지고 말았습니다. 그러자 제자는 재빨리 몸을 평상 밑으로 밀어 그것을 떠받쳤습니다.

그런 줄도 모르고 스승은 평상에 넘어져 곧 잠이 들었습니다. 제자는 평상 밑에서 몸을 빼면 스승이 바닥으로 떨어질까 싶어 몸으로 평상을 받친 채 밤을 지새웠습니다.

이윽고 새벽이 되자 스승은 술에서 깨어났습니다. 눈을 뜨자 제자가 평상 밑에 몸을 밀어 넣은 채 꾸벅꾸벅 졸고 있는 모습이 보였습니다. 깜짝 놀란 스승이 제자에게 물었습니다.

"거기서 뭘 하고 있는 게냐?"

제자가 고통을 참아내며 스승에게 대답했습니다.

"스승님께서 어제 술에 취해 평상에 걸터앉았는데, 그만 평상 다리가 부러지고 말았습니다. 그래서 제가 몸으로 이 평상을 떠받치고 있는 것입니다."

그 말을 들은 스승은 제자의 정성에 감동하여 이렇게 말했습니다.

"나의 술법을 모두 너에게 가르쳐도 조금도 아깝지 않겠다."

그날 이후 스승은 자신의 술법을 모두 제자에게 전수해 주었습니다. 그런 다음 스승은 제자를 불러 말했습니다.

"이제 한 가지만 전수하면 너는 나의 모든 것을 배우게 된다."

스승은 소금물을 마셨다가 땅에 토해내며 말했습니다.

"자, 내가 토한 것을 먹어야 한다."

제자는 조금의 망설임도 없이 몸을 굽히고 스승이 땅에 토해낸 것을 먹으려 했습니다. 그때 스승이 제자의 몸을 일으키며 말했습니다.

"그만두라. 너는 이미 모든 것을 얻었느니라."

모두가 똑똑한 시대, 모두가 잘난 것처럼 보이는 이 시대에 때로는 바보 같은 우직함이 성공이나, 진리에 이르는 길일 수도 있습니다.

절대 혼자 살지 마라

헛된 욕심은
어리석은 물거품

어떤 왕에게 아름다운 딸이 있었습니다.

왕은 공주를 너무나 사랑하여 그녀가 원하는 것이면 무엇이든지 해주었습니다.

어느 날, 공주는 창가에 앉아 있다가 비가 내리는 모습을 지켜보았습니다. 그런데 떨어진 물방울들이 바닥에 거품을 만들어내면서 오색영롱한 빛으로 반짝이는 것이었습니다. 공주는 그 모습을 보고는 왕에게 달려가 말했습니다.

"물거품이 저렇게 아름다운 것을 처음 알았어요. 저 물거품으로 머리에 쓰는 화관을 만들어 주세요."

왕이 난감한 표정을 지으며 공주에게 말했습니다.

"물거품은 손으로 잡으면 곧 꺼져 없어지는 것이란다. 물거품으로 화관을 만들 수는 없어."

그러나 공주는 왕에게 떼를 쓰며 말했습니다.

"만일 저 물거품을 갖지 못한다면 죽어버리겠어요."

왕은 하는 수 없이 장식품 만드는 장인들을 불러 명하였습니다.

"너는 무엇이든 만들 수 있는 재주를 가졌다. 그러니 저 물거품으로 공주의 화관을 만들라. 만약 그렇게 하지 못하면 너의 목을 베리라."

장인들은 머리를 조아리며 소리쳤습니다.

"물거품으로 화관을 만들 수는 없나이다."

그때, 한 늙은 장인이 왕에게 아뢰었습니다.

"제가 물거품으로 화관을 만들겠습니다."

왕은 매우 기뻐하며 공주에게 말했습니다.

"지금 어떤 장인이 물거품으로 화관을 만들 수 있다고 한다. 네가 직접 가서 구경해보렴."

공주는 신이 나서 장인에게 달려갔습니다.

늙은 장인이 공주에게 말했습니다.

"저는 어떤 물거품이 좋은 것인지 잘 알지 못합니다. 공주께서 직접 좋은 물거품을 골라 집어 주시면 제가 그것으로 화관을 만들겠습니다."

공주는 곧 추녀 밑에 떠다니는 물거품을 손으로 집었습니다. 그러나 물거품은 손에 닿자마자 모두 꺼져버렸습니다.

어떤가요. 잡을 수 없는 욕망을 우리는 이처럼 갈망하고 사는지 모릅니다. 물거품처럼 잡을 수도 없는 걸 잡겠다고 현생에서 이렇게 방황하고 질투하고 싸우고 있는지도 모릅니다.

씨줄, 날줄 같은 세상 인연을 잘 맺는 법

미래가 궁금하면
내 과거를 돌아보세요

　미래를 알고 싶으면 먼저 과거를 알아야합니다. 과거 속에 현재의 원인이 있고 현재 속에 미래가 있습니다. 결국은 현재를 잘 살라는 것입니다.

　미래를 생각하면서 고민하는 시간에 현재를 온전히 살다보면 미래는 저절로 좋아집니다.

　여러 가지 일들을 미리 예상하고 고민하지 말고, 시기가 오면 그때 생각하면 됩니다. 미래는 무한한 가능성으로 열려있습니다.

　그러려면 인과의 법칙을 알아야 합니다.

　'이것이 있으므로 저것이 있고, 이것이 없으면 저것도 없습니다.'

　이 세상을 보면 불확실한 일들이 참으로 많으며, 이런저런 일들로 칡덩굴처럼 뒤엉켜 있습니다. 그리고 이렇듯 복잡한 세상 속에

y

절대 혼자 살지 마라

서 사는 수많은 사람들이 다양한 삶의 방식을 이루며 살아가고 있습니다.

　하지만 조용히 우리의 삶을 들여다 보세요.

　언뜻 보기에는 아무렇게나 제멋대로 존재하는 것 같은 미물조차도 모두 다 일정한 법칙 속에 존재합니다.

　그 법칙이란 인과의 법칙, 즉 현재가 미래를 만드는 법칙입니다.

씨줄, 날줄 같은 세상 인연을 잘 맺는 법

깨달음을 얻지 못하면
악운은 반복됩니다

누구나 살아가면서 자신의 업을 만들어냅니다.
흔히 카르마라고도 하지요. 오늘 좋을 일을 한다면
반드시 현생에서 아니라도 언젠가는 보상을 받습니다.
그러나 우리가 오늘 해를 끼쳤다면 언젠가는
내게 돌아올 것입니다.

만일 어떤 부정적인 상황에 우리가 긍정적으로 반응하면
우리는 선업을 쌓는 것입니다.
다시 말하면 우리는 교훈을 얻게 되는 것입니다.

그러나 우리가 엄청나게 화를 내거나, 복수심에 차거나,
질투심에 빠지거나, 남을 괴롭히는 등 부정적인 방식으로

절대 혼자 살지 마라

대응한다면 나중에 또 그런 상황이 오더라도
우리는 또 그렇게 반응할 것입니다.

그리고 우리가 교훈을 얻도록 이런 힘든 상황은
우리에게 계속 반복될 것입니다.
모두가 이런 시련을 되풀이 받고 나서야 비로소 교훈을
얻습니다.

눈보다, 마음으로
사물을 바라보세요

여러분은 눈에 보이는 물질이 전부인 양 살아가고 있는 것은 아닌지, 자신을 한번 되돌아보라고 말하고 싶습니다.

돈과 명예 그리고 눈에 보이는 것에만 치중하다보면 행복이 무엇인지 알지 못하고 부질없는 것을 쫓다가 일생을 마치게 됩니다.

나도 혹시 그런가 고개를 끄덕일 수도 있을 것이고 아직은 아니라고 거부할 수도 있을 것입니다.

법회를 할 때마다 종종 눈에 보이는 것과 눈에 보이지 않는 것에 대해 말하곤 합니다. 눈에 보이는 것은 확실하니까, 거짓된 것이 아닐 것이고, 눈에 보이지 않은 것은 거짓투성이 오물들이 묻어 있을 것으로 생각하기 쉽습니다.

절대 혼자 살지 마라

그러나 눈에 보이지 않는다고 해서 믿지 못할 것은 결코 아닙니다. 눈에 보이는 현상 또한 허상이라고도 하지 않나요. 그 허상을 쫓다가 끝내 한 많은 생을 마감하게 되는 것입니다.

선남선녀들이 결혼을 하는 데도 이런 허상 때문에 힘들어 하는 것인지도 모릅니다. 교육을 잘 받고 외모가 뛰어나도 짝을 못 찾고 헤매는 것도, 알고 보면 이것이 있으므로 저것이 있고, 이것이 없다면 저것이 없는 이치를 깨닫지 못했기 때문입니다. 이제부터라도 자신의 모습을 바로 보아야 할 것입니다.

자식이 결혼을 하지 못하는 것인지, 하지 않는 것인지 알 수 없다며 부모님들이 하소연을 하러 찾아옵니다. 그럴 때마다 세상의 눈으로 보지 말고, 진실한 내 마음의 거울을 들여다보라는 말을 해줍니다.
세상의 모든 것들은 눈으로 보는 게 전부가 아니며 마음으로 보아야 하는 것들도 얼마든지 많습니다.

'부질없어라. 부질없어라.'
어머니가 병실에 누워 초췌한 얼굴 위에 잠시 미소를 짓더니 내 손을 꼭 잡으며 이 말을 유언처럼 남기셨습니다.
어머니는 이승과 저승의 갈림길에서 계셨던 그 순간에 눈에 보이

지 않는 것에 대한 소중함을 알려주고 싶었던 모양입니다. 그리하
여 한마디로 잘라 부질없다는 말로 생의 정점을 찍었던 것입니다.

이 세상을 마감하게 될 그날에 무슨 말로 일점을 찍을 것인가.
늘 생각하면서 살아가는 게 어떨까요.

불처럼 화난 마음에
부채질하다니

어떤 사람이 어리석은 친구를 찾아갔습니다. 손님이 오자 어리석은 친구는 꿀물을 대접하기로 하고 숯불 위에 올려 데우기 시작했습니다.

꿀이 끓기 시작하자 그는 숯불 위에 있는 그릇을 내려놓으려 했지만 뜨거워서 잡을 수가 없었습니다.

그러자 그는 부채를 들고 나와 부치기 시작했습니다. 그 모습을 보고 있던 손님이 친구에게 물었습니다.

"왜 부채로 부치는가?"

"그릇을 식히려고 그러네."

그러나 부채질을 하자 오히려 숯불이 활활 타올랐습니다. 손님이 어리석은 친구를 비웃으며 말했습니다.

"아직 숯불이 꺼지지 않았는데, 부채로 부친다고 그릇이 식겠

는가?"

그렇습니다. 그릇을 식히려면 불부터 끄고 그릇을 숯불에서 내려놓아야 합니다.

내 안에 활활 타오르는 욕망은 무엇인가요?

그 욕망을 채우려면 욕망부터 내려놓아야 합니다.

바쁜 일상,
연꽃에 길을 묻다

어느 날 연꽃이 가득한 곳을 지나가게 되었습니다.

연꽃이 차창 너머로 언뜻언뜻 스치고 지나갔기에 차마 멈추지
않을 수 없었습니다.

자줏빛 바위 가에

잡은 암소 놓게 하시고,

나를 부끄러워하지 않을진댄

제 꽃 꺾어 바치오리다.

<헌화가 중에서>

사랑하는 누군가가 생기면 그 혹은 그녀에게 꽃을 주고 싶은 마

절대 혼자 살지 마라

음이 생기곤 합니다. 그처럼 꽃은 사모하는, 사랑하는 마음의 상징입니다.

꽃 중에서도 특히 연꽃은 더러운 물에서 살지만 꽃이나 잎에는 결코 더러운 물을 묻히지 않습니다. 연꽃은 꽃이 피면서 열매를 반드시 맺게 되는데, 이는 인과 관계를 의미합니다. 원인과 결과 즉 자신이 과거에 지은 과업이 현재의 삶의 모습입니다. 그래서 연꽃의 운명처럼 우리도 현재의 모습으로 미래의 모습을 예측할 수 있습니다.

평소 만나는 사람에게 '나는 누구인가'라는 화두를 던져 봅니다. 인생을 한마디로 말하면, 탄생은 한 조각 구름이 떠 있는 것과 같고, 죽음이란 한 조각 구름이 소멸하는 것과 같습니다.

현대인은 누구나 바쁜 일상을 반복하고 있습니다. 바쁘다는 핑계로 작은 것의 기쁨을 알지 못합니다. 또한 인간들은 채워도 채워지지 않는 욕심에서 벗어나기 힘들어 합니다.

그러나 일상의 소중함, 일상에서 무심코 만나는 작은 연꽃의 아름다움을 발견하는 일, 그런 일을 할 수 있다면 당신은 이미 행복한 사람입니다.

우물에 빠진 달을
건지고 싶나요?

깊은 숲 속에 원숭이 무리가 살고 있었습니다.

어느 날 원숭이들이 숲 속을 돌아다니다가 큰 나무 아래에 이르 렀습니다. 나무 밑에는 깊은 우물이 하나 있었는데, 그 안을 살펴보니 달이 비치고 있었습니다.

원숭이 한 마리가 두목을 바라보며 소리쳤습니다.

"여기 좀 보세요. 달이 우물에 빠져 있어요."

원숭이 두목은 어슬렁거리며 우물 옆으로 다가가 안을 들여다보았습니다. 가만히 살펴보니 정말로 달이 우물에 잠겨 있는 것이었습니다.

"달이 죽어서 이 우물에 떨어졌구나, 만일 달이 없어진다면 어두운 밤에 우리들은 어떻게 움직이겠느냐? 어서 이 달을 건져 어둠을 밝혀야겠다."

두목은 다른 원숭이들에게 말했습니다.

달을 건지기 위해서 원숭이들은 나뭇가지를 잡고, 먼저 두목이 큰 나뭇가지를 잡고 큰 놈 순서대로 꼬리에 꼬리를 잡고 우물 안으로 들어가기로 하는데, 마지막 원숭이가 우물 안 달그림자를 잡으려 하는 순간, 원숭이들의 무게를 견디지 못한 나뭇가지가 부러지면서 모두 우물 속으로 떨어지고 말았습니다.

이 이야기를 보면서 우리들 삶이 떠올랐습니다. 우리가 이런 원숭이들의 모습이 아닌지. 실체가 없는 성공, 뜬구름 같이 없어질 한 순간의 명예를 원하면서 너도 나도 달려들다가 결국 우물 속으로 빠져 들어가고 마는 것 아닌지 말입니다.

죽음이 기다리는 우물 속으로 빨려 들어가듯, 삶에서 무한한 욕망으로 질주하다보면 어느덧 죽음의 문턱에 다가와 있겠지요.

우리 삶이 그렇습니다. 욕망 뒤의 욕망, 그 겹겹의 욕망을 한겹한겹 벗겨가다 보면 어느덧 죽음에 이르겠지요.

죽는 순간 내 손안에 쥐고 있는 것은 과연 무엇이 될지, 곰곰이 생각해 보세요. 결국 어떤 것을 갖고 어떤 것을 버려야 하는지 마음속에 떠오르게 될 것입니다.

서로를 배려하는
역지사지의 지혜로움

한 부인이 옆에 있는 친구와 최근 결혼한 자기 딸 얘기를 나누고 있었습니다.

"우리 딸아이는 정말 팔자가 편해요. 우리 사위가 너무 자상해서."
"아 부럽네요."
"그럼요. 사위는 회사에서 늦으면 꼭 밥을 먹고 들어오고. 우리 딸이 밥하기 귀찮을 거라며 외식도 자주 해요."
그 부인은 이렇게 신나게 자랑했습니다.
그러고는 다시 며느리 이야기를 펼쳐놓았습니다.
"그런데 우리 며느리는 참 게을러요."
"아니, 왜요?"
"밥하기 싫다면 우리 아들한테 외식하러 나가자고 하지 않나. 우리 아들이 늦게 오면 먼저 자버린다니까요."

어떤가요. 이 이야기를 들으며 속으로 뜨끔하는 분들도 있을 겁니다. 내 이야기 아니야? 하면서 말이죠.

이렇게 똑같은 여성인 며느리와 딸을 두고도 다른 잣대를 들이밀고 있지는 않은가요. 그래서 사람들은 역지사지, 남의 입장에서 바라보기가 참 힘드나 봅니다.

그러나 인생은 언제나 같은 입장에서만 서있을 수 없습니다. 때로는 내가 며느리 입장이 되기도 하고, 때론 딸의 입장이 되기도 합니다. 그럴 때 내가 과연 공정하게 행동할 수 있는지 한번 곰곰이 생각해 보시기 바랍니다.

씨줄, 날줄 같은 세상 인연을 잘 맺는 법

세상 그 무엇이
두려운 가요

사람들이 스승을 찾아와 말했습니다.

"무서운 것에 대해 알고 싶습니다."

스승이 그중 노인에게 물었습니다.

"가장 무서운 것이 무엇이요?"

노인이 대답했습니다.

"전 죽음입니다."

이번엔 아이에게 물었습니다.

"넌 가장 무서운 것이 무엇이니?"

아이가 대답했습니다.

"치과의사와 유령이 제일 무서워요."

스승은 사업가에게 물었습니다.

"가장 무서운 것이 무엇인가요?"

절대 혼자 살지 마라

사업가가 대답했습니다.

"사업이 부도나는 것입니다."

스승은 몇 사람에게 더 물어본 다음 대답했습니다.

"잘 들었소. 다들 무서운 것이 다르더군.

그러나 명심해요. 진짜 무서운 것은 바로

그 당신들의 무서워하는 마음이요."

원효 대사의 일화가 떠오릅니다. 너무 목이 말라서 해골에 담긴 물 인줄 모르고 맛있게 마셨다가 나중에 해골에 담긴 물임을 알게 되어 소스라치게 놀랐다는 이야기입니다.

원효 대사가 마셨던 물은 똑같은 물인데도 마음의 작용에 따라서 이렇게 달라집니다.

마음은 이렇게 무시무시하게 작용합니다. 마음먹기에 따라서 고통이 기쁨이 되기도 하고, 기쁨이 두려움이 되기도 합니다.

지금 내가 가장 두려워하는 것은 어쩌면 내 마음 때문인지 모릅니다. 내 마음 하나 먹기에 따라서 '까짓것', 할 수도 있고 '아이고 무서워' 할 수도 있는 겁니다.

지금 가장 두려운 것은 무엇인가요. 혹시 불안 때문에 더 두려워하는 것은 아닌지 한번 곰곰이 생각해 볼 일입니다.

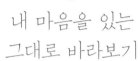

내 마음을 있는
그대로 바라보기

내 마음에 욕심이 가득하면
욕심이 있음을 알게 되고

내 마음에 욕심이 없으면
욕심이 없음을 알게 되고

내 마음에 진심이 있으면
진심이 있음을 알게 되고

내 마음에 진심이 없으면
진심이 없음을 느낌으로 알게 됩니다.

절대 혼자 살지 마라

내 마음이 위축되면
마음이 위축됨을 알게 되고

마음이 어지러우면
마음이 어지러움을 느낌으로 알게 됩니다.

이처럼 내가 안으로, 밖으로
마음을 보이는 대로 관찰하면
집중할수록 마음에서 실제로 일어나는 현상과
그 원인을 알게 됩니다.

나의 마음을 챙길수록
내 마음은 나를 위해서 봉사합니다.
이 세상 어느 것에도 의지하거나
집착하지 않게 될 것입니다.

씨줄, 날줄 같은 세상 인연을 잘 맺는 법

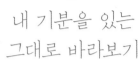

내 기분을 있는
그대로 바라보기

즐거울 때 '즐거운 느낌'을
괴로울 때 '괴로운 느낌'을
즐겁지도, 괴롭지도 않을 때
'즐겁지도 괴롭지도 않은 느낌'을 체험으로 압니다.

이와 같이 당신이 안으로, 밖으로
느낌을 보이는 대로 관찰하면
집중할수록 느낌들에서 실제로 일어나는 현상과
그 원인을 알게 되고
사라지는 현상과 그 원인을 알게 되고

그 느낌을 챙길수록

절대 혼자 살지 마라

그 속에 영원한 실체가 없다는 걸 알게 되고
이 세상 어느 것에도 의지하거나 집착하지 않고
살아갈 수 있게 됩니다.

씨줄. 날줄 같은 세상 인연을 잘 맺는 법

최악의 불행 뒤에 오는
진짜 행복이란

어느 가난한 농부가 랍비를 찾아왔습니다.

그는 눈물을 흘리며 말했습니다.

"저는 너무 가난하고 이 세상에서 가장 불행합니다.

어떻게 하면 저도 행복해질 수가 있나요?"

농부가 랍비에게 하소연했습니다.

"자네 집에 염소가 있는가?"

한참을 생각한 랍비는 이렇게 말했습니다.

"네, 몇 마리 있습니다."

"그렇다면 염소를 집안으로 들여다 놓게."

그 다음날 농부는 다시 랍비를 찾아왔습니다.

"아내가 성질이 고약한데다,

심지어 시도 때도 없이 똥을 싸는 염소까지 저를 괴롭히네요.
이제 저는 집안에서 숨도 제대로 못 쉽니다."
"그런가? 그럼 닭들은 있는가?"
"네, 열두 마리가 있습니다."
"그럼 닭들을 집안에 들여놓게."
농부는 랍비의 말이 이상했지만 시키는 대로 했습니다.

며칠이 지난 후에 농부는 거의 죽기 직전의 모습으로
찾아왔습니다.
"그렇게 괴로운가? 그렇다면 염소와 닭들을 몽땅 집에서 다
내 보내게."
랍비의 말에 농부는 힘없이 고개를 끄덕였습니다.

그리고 이튿날 일찍 농부가 다시 찾아왔습니다.
이 세상에서 가장 행복한 사람의 얼굴이었습니다.
"이제 우리 집은 궁전처럼 넓어 보이고, 아내도 왕비처럼
보입니다."
랍비는 농부의 말에 미소 지었습니다.

그렇습니다. 사람은 늘 자기 처지를 불평하곤 합니다. 그러나 최
악의 상황이 닥쳐오면 그 전의 상황이 얼마나 편하고 좋았는지를

깨닫게 됩니다.

최악의 상황을 겪고 나면 훗날 그 어떤 상황이라도 좋아 보이고, 받아들이게 될 것입니다. 그래서 그 최악의 상황조차도 우리에게 어떤 깨달음을 주는 것입니다.

여러분도 최악의 상황을 겪고 나면 지금 이 순간의 행복이 얼마나 소중한 것인지 저절로 알게 될 것입니다.

눈을 감고 지나온 시간들을 떠올려봅니다.

수계를 받고 한국불교 태고종 종립 동방불교대학 범패과를 입학하던 때가 떠오릅니다. 그땐 내 인생의 모든 것들이 암울하기만 했습니다. 하루아침에 병명도 나타나지 않는 중병에 걸려 옴짝할 수 없게 된 것입니다.

중병이라는 하늘이 무너지는 소리를 들었습니다. 그렇게 삼십대 중반의 늦은 나이에 공부를 한다는 게 그리 말처럼 쉽지가 않았습니다.

모두 비워야 했습니다. 세상의 인연들을 잠시 비워야만 살 수 있을 것 같았습니다. 혹자는 그런 나를 두고 몹시 이기적이라고 비난을 퍼부었을 수도 있었을 것입니다.

하지만 한모금의 물도 넘길 수 없는 지경까지 와 있었습니다. 목숨을 건지려면 신에게 매달릴 방법밖에 없었습니다.

공부를 하는 동안 부처님의 자비의 빛을 온몸으로 받아들이기 시작하자, 번뇌가 조금씩 사라지기 시작했습니다. 아팠던 몸이 좋아지기 시작했습니다.

힘들 때마다 아버지와 어머니의 염불소리와 모습이 머릿속에서 떠나지 않았습니다. 평소 그분들이 하셨던 행동을 어렸을 때는 대수롭지 않게 여겼는데 현재 나에게는 또 다른 스승의 모습으로 남아 있습니다.

늘 말씀이 없으셨던 아버지, 한 번 안 돼! 라고 하면 시작도 끝도 없이 그게 답이었습니다. 이제와 생각하니, 아버지는 탁월한 결단력이 있으셨던 것 같습니다.

그와 달리 어머니는 늘 자애로웠습니다. 안 되고, 되고 없이 오로지 부족한 중생들을 품어 안아주셨습니다. 부모님이 안 계신 지금, 오히려 그분들의 존재가 생생하게 내 안에 살아있는 것 같습니다.

'우연이란 결코 없는 것. 어떤 끈이든 인과에 의해 이루어지고 소멸하는 것.'

어머니의 좋은 인연 덕에 대성사에 자리할 수 있었습니다. 대성사 스님이 연로하시어 절을 맡아보라는 권유가 있어 둥지를 틀었습니다.

처음에는 모든 게 낯설었습니다. 지금은 매주 선남선녀가 찾아오고,

211

글을 마치며

이런저런 꽃과 새들이 날아들지만 초기에 자리를 잡기까지 힘든 일도 참 많았습니다. 어떤 도량이든 주인의 향기에 따라 성질이 바뀐다고 했던가요.

'일심으로, 일심으로.'

뜻이 있는 곳에 길이 있었습니다. 대성사에 둥지를 튼 지 6년이 되던 해부터 방송 일을 맡기 시작했고, 외부와의 교류가 활발하게 이루어졌습니다.

연기라는 단어의 의미는 인연 또는 조건으로 엮어져서 생긴다는 말입니다. 즉 세상에는 어느 것 하나, 홀로 영원히 존재하는 것은 없으며, 어떤 인연으로 엮어 있다는 뜻이기도 합니다.

그래서 인연을 맺을 때도 중요하고, 인연을 풀 때도 매우 중요합니다. 맺고 풀림에 따라 또 다른 인연이 만들어지기 때문입니다.

'선남선녀의 따뜻한 만남'은 우연이 아니라 연기법에 의해 시작된 것입니다. 처음에는 아는 이들을 하나 둘 만나게 해준 것이 점점 범위가 커졌습니다.

인연을 못 만난 이들에게 위안을 주고 행복을 이어주는 일이 나의 업이자, 시대의 업이기 때문입니다.

그러나 넘치면 비워지게 마련입니다. 모든 것은 때가 있는 법입니다.

그 많은 일들을 할 수 있는 그날까지만 열심히 일할 작정입니다.

애써 피하지도 않을 것이며, 잘난 명예를 먹고 살지도 않을 작정입니다. 내 양껏 주어진 그만큼만 내 것이라 여기며 내 소임을 다할 것입니다.

어느 날엔가 내 손안에 쥐고 있던 직함이 모두 사라지고 나면, 부모님처럼 소박한 삶을 이어갈 것입니다.

그리고는 이승에서의 짧은 소풍을 마감하고 하나도 남김없이 모두 비워내고 부처님께서 내리신 연꽃승의 직함을 두 손으로 받아들고 긴 여행을 떠날 참입니다.

연꽃처럼 남고 싶습니다.

그러나 아직은 여정이 멀기만 합니다.

돈, 성공 등 무지개와 같이 우리를 현혹시키는 커다란 유혹과 맞서는 데는 내면의 힘이 필요합니다.

평소에 자기 삶의 태도를 점검하고 자기의 기대치만큼 다가오면 상대에게 감사하는 습관, 즉 받은 만큼 돌려주는 감사가 아니라 자신이 먼저 감사하는 것이 중요합니다.

먼저 자신이 맞닥뜨리고 있는 삶의 현실을 직시하고, 그 속에서 부족한 것을 찾아보며, 늘 현재에 감사하는 생활을 하도록 하세요.

이제부터 찾아오는 인연을 막지 말고, 그 인연에 감사하고 더불어 내가 먼저 주고 내가 먼저 감사하다는 생각을 한다면 누구를 만나도 행복하고, 지금 여기 이 자리에 있음을 감사하게 될 것입니다.

이 책으로 저와 인연을 맺은 모든 분들이 행복하시길 진심으로 바랍니다. 아직 좋은 인연을 만나지 못한 분들이라면 머나먼 인생길을 손잡고 함께 걸어갈 인생의 동반자를 만나길 소망합니다. 모두가 좋은 인연 만나서 행복하기를 바랍니다.

"당신이라면 참 좋겠습니다."

함께라면

누군가와 함께라면
갈 길이 아무리 멀어도 갈 수 있습니다.
눈이 오고 바람 불고
날이 어두워도 갈 수 있습니다.
바람 부는 들판도 지날 수 있고
위험한 강도 건널 수 있습니다.
높은 산도 넘을 수 있습니다.
누군가와 함께라면 갈 수 있습니다.

나 혼자가 아니고 누군가와 함께라면
손 내밀어 건져 주고
몸으로 막아 주고, 마음으로 사랑하면
나의 갈 길 끝까지 잘 갈 수 있습니다.

이 세상은 혼자 살기에는
너무나 힘든 곳입니다.
단 한 사람이라도 사랑해야 합니다.
단 한 사람의 손이라도 잡아야 합니다.

단 한 사람이라도 믿어야 하며
단 한 사람에게라도
나의 모든 것을 보여줄 수 있어야 합니다.
동행의 기쁨이 있습니다.
동행의 위로가 있습니다.

그리고 결국 우리는
누군가의 동행에 감사하면서 눈을 감게 될 것입니다.
우리의.험난한 인생 길 누군가와 손잡고 걸어갑시다.

우리의 험한 날들도
서로 손잡고 건너갑시다.
손을 잡으면 마음까지 따뜻해집니다.

절대 혼자 살지 마라